Rolf Hennig
Die Waffen-Sachkundeprüfung

Rolf Hennig

Die Waffen-Sachkunde-prüfung

in Frage und Antwort

für Sportschützen
Waffenscheinbewerber
Freizeitkapitäne
Waffensammler

12. überarbeitete und erweiterte Auflage

BLV

CIP-Kurztitelaufnahme der Deutschen Bibliothek

Hennig, Rolf:

Die Waffen-Sachkundeprüfung in Frage und Antwort: [für Sportschützen, Waffenscheinbewerber, Freizeitkapitäne, Waffensammler] / Rolf Hennig. – 12., überarb. u. erweit. Aufl. – München; Wien; Zürich: BLV Verlagsgesellschaft, 1992.
ISBN 3-405-14414-0

NE: HST

Bildnachweis

Fotos:
Fa. Anschütz 99 o.
Fa. Heckler & Koch 80 u.
Hennig 23, 47 u., 51, 80 o., 82, 83, 88, 116, 117
Fa. Mauser 31
Fa. Sauer & Sohn 43, 45 u.
Fa. Steyr-Daimler 45 o.
Fa. Walther 47 o., 50, 98, 99 u.

Grafiken:
Gerti Pape, Wolfgang Vacano, Hellmut Hoffmann, Anina Westphalen

BLV Verlagsgesellschaft mbH
München Wien Zürich
8000 München 40

Gesamtherstellung: Wagner GmbH, Nördlingen

Printed in Germany · ISBN 3-405-14414-0

Vorwort zur zwölften Auflage

Nach dem gegenwärtigen, am 1. Januar 1973 in Kraft getretenen Waffengesetz der Bundesrepublik Deutschland muß jeder, der eine waffenrechtliche Genehmigung nach diesem Gesetz erhalten will, seine Sachkunde nachweisen. Von wenigen gesetzlich geregelten Ausnahmen abgesehen, ist dieser Sachkundenachweis durch die Ablegung einer entsprechenden Prüfung zu erbringen.

Dieses Buch zeigt in einem einleitenden Abschnitt die rechtlichen, verwaltungsmäßigen und sachlichen Grundlagen der Waffen-Sachkundeprüfung auf. In den weiteren Abschnitten behandelt es im Frage-Antwort-System das für die Prüfung notwendige theoretische Wissensgut. Den Prüflingen soll es damit zum Erlernen, Üben und Wiederholen dieses Stoffes dienen, den Prüfern als Anleitung für die Durchführung der Prüfung. Darüber hinaus soll es allen anderen Personen, die sich einen Einblick in diese Materie verschaffen möchten, eine übersichtliche und leicht faßliche Information bieten.

Die erste Auflage dieses Buches erschien bereits wenige Monate nach Beginn der ersten Waffen-Sachkundeprüfungen. Der Verfasser – gut fünf Jahrzehnte aktiver Jäger und Sportschütze, seit vielen Jahren auch als Schießsportfunktionär sowie als Sachverständiger und Ausbilder im polizeilichen, jagdlichen und sportlichen Schießwesen tätig, Mitglied diverser Fachgremien, Autor mehrerer einschlägiger Fachbücher und schließlich einer der Väter der Waffen-Sachkundeprüfung – hat damals diesen Leitfaden aufgrund seiner vielseitigen Tätigkeiten sowie aufgrund der Erfahrungen der allerersten Sachkundeprüfungen zusammengestellt. In alle weiteren Auflagen konnte er seine regelmäßigen, inzwischen sich über rund 19 Jahre erstreckenden Erfahrungen als Vorsitzender einer Prüfungskommission der Freien und Hansestadt Hamburg für die Abnahme der Waffen-Sachkundeprüfung hineinarbeiten.

Dadurch konnte der Inhalt so lebendig gestaltet werden, wie es der an sich recht trockene Stoff nur eben zuließ. Die große Nachfrage nach diesem Buch, die knapp 19 Jahre nach dem erstmaligen Erscheinen bereits eine zwölfte Auflage notwendig macht, darf als

Beweis dafür gelten, daß für dieses Buch einerseits ein großer Bedarf besteht und daß andererseits die gewählte Art der Verarbeitung des Stoffes bei den Lesern eine positive Aufnahme gefunden hat.

Obwohl dieses Buch ursprünglich nur auf die Waffen-Sachkundeprüfung nach dem Waffengesetz abgestellt war, ist es zunehmend auch zur Vorbereitung auf die Jägerprüfung nach dem Bundesjagdgesetz herangezogen worden. Verlag und Verfasser haben dem in den neueren Auflagen mehr und mehr Rechnung getragen. Und da sich in Anbetracht rapide anwachsender Kriminalität Sicherheitsunternehmen unterschiedlicher Art in den letzten Jahren zu einer ausgesprochenen Wachstumsbranche entwickelt haben, ist in der hier vorliegenden Auflage auch auf diesbezügliche Fragen intensiver eingegangen worden.

So geht die neue Auflage mit dem Wunsch hinaus, daß sie Prüflingen, Ausbildern, Prüfern und zuständigen Behörden wie auch allen anderen Interessenten in der gesamten Bundesrepublik Deutschland von Nutzen sein möge!

Rolf Hennig

Inhaltsverzeichnis

Verzeichnis der Abkürzungen

WaffG	=	Waffengesetz vom 19. September 1972 in der Fassung der Bekanntmachung vom 8. März 1976
1. WaffV	=	Erste Verordnung zum Waffengesetz
2. WaffV	=	Zweite Verordnung zum Waffengesetz
3. WaffV	=	Dritte Verordnung zum Waffengesetz
4. WaffV	=	Vierte Verordnung zum Waffengesetz
5. WaffV	=	Fünfte Verordnung zum Waffengesetz
WaffVwV	=	Allgemeine Verwaltungsvorschrift zum Waffengesetz
BGBl.	=	Bundesgesetzblatt
StGB	=	Strafgesetzbuch
StPO	=	Strafprozeßordnung
BGB	=	Bürgerliches Gesetzbuch
BJG	=	Bundesjagdgesetz

Die Grundlagen der Sachkundeprüfung

1. Die rechtlichen Grundlagen

Seit dem 1. Januar 1973 gilt in der Bundesrepublik Deutschland ein neues Waffengesetz. Gegenüber seinen Vorläufern hat es eine Reihe von Neuerungen gebracht. So macht es u. a. einen Sachkundenachweis zur Voraussetzung für die Erteilung von Waffenbesitzkarte, Munitionserwerbschein, Waffenschein und Schießerlaubnis. Nach den früheren Waffengesetzen brauchten lediglich die Waffenhersteller und Waffenhändler eine Sachkunde nachzuweisen. Außerdem mußten die Jäger vor Erlangung ihres ersten Jagdscheins eine vor über 50 Jahren eingeführte und seither in ihren Anforderungen immer mehr verschärfte Sachkundeprüfung, die sog. Jägerprüfung, nach den Vorschriften der Jagdgesetze ablegen. Diese Jägerprüfungen umfassen neben zahlreichen anderen Sachgebieten auch das zivile Waffen- und Schießwesen und die einschlägigen gesetzlichen Vorschriften. Alle übrigen Personen jedoch mußten für waffenrechtliche Genehmigungen zwar ein Bedürfnis nachweisen, nicht aber eine Sachkunde. Dadurch war es möglich, daß beispielsweise ein Bankbote oder ein ständig große Lohngeldsummen transportierender Angestellter einer Baufirma eine Pistole kaufen und in der Öffentlichkeit führen durfte, ohne die geringsten Kenntnisse im Umgang mit Waffe und Munition, über das Notwehrrecht oder andere wichtige Bestimmungen besitzen zu müssen.

Bedenkt man, welches Unheil durch unsachgemäße Handhabung von Schußwaffen und Munition angerichtet werden kann und welche Verantwortung demgemäß jeder Waffenbesitzer gegenüber der Öffentlichkeit trägt, so ist die Einführung eines Sachkundenachweises ein zweifellos sehr zu begrüßender Fortschritt. Wenn das neue Waffengesetz in manchen Punkten auch sehr umstritten ist, so wird doch die Einführung des Sachkundenachweises wohl von allen Fachleuten einmütig begrüßt. Sie stellt nunmehr an den Waffenbesitzer ähnliche Anforderungen wie sie bereits seit langem von den Inhabern eines Führerscheins oder eines Jagdscheins verlangt werden.

Das neue Waffengesetz (Waffengesetz vom 19. September 1972 in der Fassung der Bekanntmachung vom 8. März 1976, BGBl. I S. 432) macht in seinem § 30 Abs. 1 Nr. 2 die Sachkunde zur Voraussetzung für die Erteilung der genannten waffenrechtlichen Genehmigungen. Nach § 31 Abs. 1 hat den Nachweis der Sachkunde erbracht, wer eine Prüfung vor der dafür bestimmten Stelle bestanden hat oder seine Sachkunde durch eine Tätigkeit oder Ausbildung nachweist. Nähere Einzelheiten regelt die erste Verordnung zum Waffengesetz (1. WaffV) vom 10. März 1987 (BGBl. I S. 777) in ihren §§ 29 bis 32. Nach § 32 Abs. 1 gilt die Sachkunde insbesondere als nachgewiesen, wenn der Antragsteller

1. a) die Jägerprüfung bestanden hat oder durch eine Bescheinigung eines Ausbildungsleiters für das Schießwesen nachweist, daß er die erforderlichen Kenntnisse durch Teilnahme an einem Lehrgang für die Ablegung der Jägerprüfung erworben hat,
   b) die Gesellenprüfung für das Büchsenmacherhandwerk bestanden hat,
2. a) seine Fachkunde nach § 9 Abs. 1 des Gesetzes (Prüfung für gewerbsmäßige Waffenhersteller und Waffenhändler) nachgewiesen hat,
   b) mindestens drei Jahre im Handel mit Schußwaffen und Munition tätig gewesen ist oder
   c) die nach § 29 der 1. WaffV nachzuweisenden Kenntnisse aufgrund einer anderweitigen, insbesondere behördlichen oder staatlich anerkannten Ausbildung oder als Sportschütze erworben hat,

   sofern die Tätigkeit oder Ausbildung ihrer Art nach geeignet war, die erforderliche Sachkunde zu vermitteln.

Die unter Nr. 1 genannten Personengruppen sind also von jeder weiteren Sachkundeprüfung befreit. In den unter Nr. 2 genannten Fällen gilt die Sachkunde jedoch nur als erwiesen, sofern die Tätigkeit oder Ausbildung ihrer Art nach geeignet war, die erforderliche Sachkunde zu vermitteln. Ergänzend bestimmt § 32 Abs. 2, daß bei Antragstellern mit einer nachgewiesenen Ausbildung an Handfeuerwaffen von einem Nachweis der waffentechnischen Kenntnisse abgesehen werden kann. Bei diesen Personen genügt also eine Prüfung der einschlägigen rechtlichen Kenntnisse. Andererseits wird man davon ausgehen dürfen, daß beispielsweise bei einem voll ausgebildeten und noch im Dienst befindlichen Polizeibeamten die Ausbildung ihrer Art nach geeignet war, in vollem Umfang die erforderliche Sachkunde zu vermitteln, d. h., daß hier keinerlei Sachkundeprüfung notwendig ist. Bei den unter Nr. 2 genannten Fällen muß also jeweils geprüft werden, ob auf die Sachkundeprü-

fung teilweise, z. B. hinsichtlich der waffentechnischen Kenntnisse, oder ganz verzichtet werden kann oder ob sie voll durchgeführt werden muß. Nähere Einzelheiten sind in der WaffVwV unter Nr. 31 geregelt. So kann z. B. der Nachweis der Sachkunde als Sportschütze nach der WaffVwV Nr. 31.2 durch die Vorlage einer entsprechenden Bescheinigung eines Schießsportvereins geführt werden, sofern sichergestellt ist, daß von ihm vergleichbare Prüfungen durchgeführt werden.
Der Umfang der Sachkundeprüfung wird in § 29 der 1. WaffV umrissen. Danach werden ausreichende Kenntnisse verlangt über

1. die Handhabung der Schußwaffe und den Umgang mit Munition,
2. die Reichweite und Wirkungsweise der Geschosse,
3. die wichtigsten Vorschriften über den Umgang mit Waffen und Munition sowie über Notwehr und Notstand.

Allerdings brauchen Kenntnisse nur für die Schußwaffen- oder Munitionsarten nachgewiesen zu werden, für die die Erlaubnis beantragt worden ist. Andererseits muß derjenige, der eine Erlaubnis zur nichtgewerblichen Waffenherstellung beantragt, eine weitergehende Sachkunde über waffentechnische, innerballistische und Werkstoffkenntnisse erbringen. Wie weit die letzteren zu gehen haben, ob und in welchem Umfang sie sich an den Kenntnissen zu orientieren haben, die für die Erlaubnis zur gewerblichen Waffenherstellung gefordert werden, ist nicht näher geklärt.
Nach § 31 der 1. WaffV gilt eine vor Erteilung der Waffenbesitzkarte bestandene Sachkundeprüfung auch als Sachkundenachweis bei der Erteilung eines Munitionserwerbscheins, eines Waffenscheins oder einer Schießerlaubnis, soweit es sich um eine vergleichbare Schußwaffenart handelt.
Die Durchführung der Sachkundeprüfung wird in § 30 der 1. WaffV geregelt und im nächsten Kapitel näher behandelt. Bei Nichtbestehen kann die Prüfung auch mehrmals wiederholt werden. Der Prüfungsausschuß kann bestimmen, daß die Prüfung erst nach Ablauf einer bestimmten Frist wiederholt werden darf.
Da sich die Vereinigung der beiden deutschen Staaten nicht auf die Durchführung der Waffen-Sachkundeprüfung auswirkt, braucht hier nicht darauf eingegangen zu werden. Es sei jedoch auf die diesbezüglichen Anmerkungen auf S. 202 hingewiesen!

2. Die verwaltungsmäßigen Grundlagen

Nach § 30 der 1. WaffV bildet die zuständige Behörde Prüfungsausschüsse für die Abnahme der Sachkundeprüfung. Jeder Prüfungsausschuß besteht aus dem Vorsitzenden und zwei Beisitzern, wobei die Mitglieder sachkundig sein müssen und nicht mehr als ein Mitglied des Ausschusses in der Waffenherstellung oder im Waffenhandel tätig sein darf. Der Prüfungsausschuß entscheidet mit Stimmenmehrheit. Über das Ergebnis der Prüfung ist dem Bewerber ein Zeugnis auszustellen, das von dem Ausschußvorsitzenden zu unterzeichnen ist. Außerdem muß über das Ergebnis und den wesentlichen Inhalt der Prüfung eine Niederschrift aufgenommen, vom Ausschußvorsitzenden unterzeichnet und der zuständigen Behörde zugeleitet werden. Abgesehen von diesen allgemeinen Vorschriften bleibt die Vorbereitung und Durchführung der Sachkundeprüfungen der jeweils zuständigen Behörde überlassen.

Da sich mit Ausnahme der Jagdscheininhaber und der zahlenmäßig überhaupt nicht ins Gewicht fallenden Waffenhersteller und Waffenhändler fast alle Antragsteller (Sportschützen, Waffensammler, Waffenscheininhaber u. a.) bei neuen Anträgen für waffenrechtliche Genehmigungen einer derartigen Prüfung unterziehen müssen, ist die Zahl der Prüfungsanwärter so groß, daß sie von ehrenamtlichen Prüfungsausschüssen nicht bewältigt werden kann. Beispielsweise hat allein die Dachorganisation der Sportschützen, der Deutsche Schützenbund, rund eine Million Mitglieder. Es ist deshalb von Anfang an von verschiedenen Seiten angestrebt worden, zumindest die Prüfung der zahlenmäßig weitaus stärksten Gruppe, der Sportschützen, auf die Unterorganisationen des Deutschen Schützenbundes zu delegieren. Bei den seit vielen Jahren eingespielten Jägerprüfungen hat es sich bestens bewährt, die Vorbereitung und Durchführung auf die regionalen Organisationen des Deutschen Jagdschutz-Verbandes zu übertragen. Eine entsprechende Regelung der Sachkundeprüfung nach dem Waffengesetz hinsichtlich der Sportschützen ist zunächst in einzelnen Bundesländern als sogenannte Sportschützenprüfung praktiziert worden und hat sich dort sachlich, organisatorisch und wohl auch noch in mancherlei weiterer Beziehung sehr positiv ausgewirkt. Durch die Fassung der WaffVwV vom 26. Juli 1976, Nr. 31.2 ist die Durchführung derartiger Prüfungen durch Schießsportvereine ganz offiziell anerkannt worden.

Bei dieser Regelung kann davon ausgegangen werden, daß diejenigen Sportschützen, die bereits mindestens sechs Monate aktiv

am Schießsport teilgenommen haben, ausreichende praktische Fähigkeiten im Umgang mit Waffen und Munition besitzen. Bei ihnen wird also eine Prüfung der erforderlichen theoretischen und rechtlichen Kenntnisse vollauf genügen. Entsprechend geschulte und anerkannte Schießsportfunktionäre können in den Untergliederungen des Deutschen Schützenbundes derartige Prüfungen abhalten und entsprechende Bescheinigungen erteilen.
Bei Bewährung dieser Regelung hinsichtlich der Sportschützen könnte man daran denken, auch die Prüfung anderer größerer Personengruppen auf die entsprechenden Fachverbände zu delegieren. In dieser Beziehung wäre beispielsweise an die Waffensammler oder an diejenigen zu denken, die als Freizeitkapitäne eine Signalpistole erwerben wollen.

3. Die sachlichen Grundlagen

Welche Kenntnisse grundsätzlich in der Sachkundeprüfung zu fordern sind, ist in § 29 der 1. WaffV festgelegt und wurde bereits im ersten Kapitel erwähnt. Wie weit die Kenntnisse im einzelnen zu gehen haben oder was unter »ausreichend« zu verstehen ist, wird in dieser Verordnung nicht näher angegeben. Man wird jedoch nach der allgemeinen Zielsetzung des Waffengesetzes davon ausgehen dürfen, daß einerseits keine überspitzten Fachkenntnisse, andererseits aber so weitreichende Kenntnisse und Fähigkeiten verlangt werden, daß der Prüfling

1. die von ihm zu erwerbende Waffe einschließlich der dazugehörigen Munition so sicher handhaben kann, daß durch Unkenntnis verursachte Unfälle weitgehend ausgeschlossen sind,
2. nicht aus Unwissenheit grob gegen das Waffengesetz oder andere für einen Waffenbesitzer wichtige Gesetze verstoßen wird.

In dem durch diese Zielsetzung und die gesetzlich vorgeschriebenen Sachgebiete gesteckten Rahmen verbleibt immer noch ein beträchtlicher Spielraum. Offensichtlich verläuft hier eine ähnliche Entwicklung, wie sie in den vergangenen gut fünf Jahrzehnten bei der Jägerprüfung zu beobachten war: anfangs werden nur die wichtigsten und notwendigsten Kenntnisse verlangt, dann werden langsam im Laufe von Jahren und Jahrzehnten – unter gleichzeitiger Schaffung und Weiterentwicklung entsprechender Lehrbücher, Nachschlagewerke und Repetitorien sowie unter Einrichtung

von Vorbereitungslehrgängen – die Anforderungen weiter gesteigert.
Dadurch wird nach und nach das Wissensniveau in den zum Waffenbesitz oder Waffenführen berechtigten Personengruppen angehoben, gleichzeitig die Unfallrate und die Quote an fahrlässigen Verstößen gegen das Waffengesetz und andere infragekommende Vorschriften gesenkt.
In der WaffVwV Nr. 31.1 heißt es: »Die Prüfungsausschüsse legen der Prüfung den vom Bundesminister des Innern herausgegebenen Fragenkatalog zugrunde.« Die Geschichte dieses amtlichen Fragenkatalogs bestätigt die vorstehenden Vermutungen über die zukünftige Entwicklung der Waffen-Sachkundeprüfung. Die erste Fassung dieses Fragenkatalogs war zweifellos mit der heißen Nadel genäht und wurde bald ersetzt. Doch auch die neueste Fassung wird von vielen Prüfern lediglich als Anhalt und Richtlinie zugrunde gelegt, im einzelnen jedoch nicht benutzt, da sie in dieser Form zu praxisfremd ist. Vielmehr bemühen sich die Prüfer, auf der Basis des amtlichen Fragenkatalogs eigene, praxisgerechte Fragen zu formulieren. Entsprechend verhalten sich diejenigen, die Antragsteller auf die bevorstehende Prüfung vorbereiten.
Dieser Leitfaden soll diejenigen Sachfragen behandeln, die entweder für die Sachkundeprüfung unerläßliches Wissensgut oder die für die Antragsteller oder für die zuständigen Sachbearbeiter der Behörden besonders wissenswert sind. Dabei wird der Stoff in die vorgeschriebenen Sachgebiete aufgegliedert, diese aber wieder so weit untergliedert, daß anhand des Inhaltsverzeichnisses ein schnelles Auffinden bestimmter Teilgebiete möglich ist.
Nach § 30 Abs. 3 der 1. WaffV besteht die Sachkundeprüfung aus einem theoretischen und einem praktischen Teil. Im Hinblick auf das angestrebte Ziel einer möglichst unfallsicheren Waffenhandhabung wird man zweckmäßigerweise alle Fragen, welche die sichere Handhabung von Waffen und Munition betreffen, praktisch prüfen, indem man den Prüflingen die betreffenden Waffen mit der dazugehörigen Munition vorlegt und sie den sicheren Umgang damit demonstrieren läßt. Da nach der 1. WaffV nur Kenntnisse über diejenigen Schußwaffen- und Munitionsarten nachgewiesen werden müssen, für die die Erlaubnis beantragt worden ist, muß der Prüfungsausschuß die entsprechenden Waffen- und Munitionsarten (möglichst unscharfe sogenannte Exerzierpatronen) bereitstellen.
Um Mißverständnissen zu begegnen, sei betont, daß in der Verordnung von »Schußwaffen- und Munitionsarten«, nicht von dem jeweiligen Modell die Rede ist. Bei den zahllosen auf dem Weltmarkt

befindlichen Waffenmodellen der unterschiedlichsten Fabrikate ist es oftmals unmöglich, für eine Sachkundeprüfung gerade diejenige Waffe zu beschaffen, für die ein Prüfling die Genehmigung beantragt hat. Hier genügt es durchaus, wenn der Prüfungsausschuß dem Prüfling eine Schußwaffe gleicher Art – also beispielsweise eine Selbstladepistole – aber anderen Fabrikats und Modells vorlegt.
Da es auf dem zivilen Sektor viele hundert Waffenmodelle gibt, ist es praktisch unmöglich, die Handhabung aller dieser oftmals sehr unterschiedlichen Systeme zu beschreiben. Ein Antragsteller, der eine Sachkundeprüfung ablegen will, tut deshalb gut daran, sich rechtzeitig vor der Prüfung von seinem Waffenhändler eine Gebrauchsanleitung für die von ihm beantragte Waffe geben zu lassen, diese zu studieren und sich schließlich von dem Waffenhändler in der praktischen Handhabung der Waffe unterweisen zu lassen. Die auf diese Weise erworbenen Kenntnisse genügen vollauf für den gesetzlich vorgeschriebenen Sachkundenachweis. Darüber hinausgehende Kenntnisse, etwa über spezielle waffentechnische oder ballistische Fragen o. ä., werden vom Gesetz nicht gefordert.
Ob die Sachkundeprüfung auch eine Schießprüfung umfassen soll oder kann, ist bislang nicht geklärt. Mit Sicherheit dürfen bei der Sachkundeprüfung keine größeren Anforderungen an die Schießkünste des Kandidaten gestellt werden. Andererseits gehören gewisse Minimalleistungen im Schießen zum sicheren Umgang mit der Waffe. Auch in der Jägerprüfung werden seit Jahren gewisse Minimalleistungen im Schießen verlangt. Bedenkt man, daß der Jäger seine Schußwaffe in der freien Landschaft, der Waffenscheininhaber dagegen meist in geschlossenen Ortschaften führt, wäre die Forderung von Minimalleistungen im Schießen zumindest für künftige Waffenscheininhaber sicherlich nicht unbillig. Sollte in Zukunft im Rahmen der praktischen Sachkundeprüfung auch ein Schießen mit gewissen Minimalforderungen durchgeführt werden, so kann man dem Prüfling auch hier nur empfehlen, sich von seinem Waffenhändler mit der beantragten Waffe auf dem Schießstand im Schießen unterweisen zu lassen.
Den richtigen und sicheren Umgang mit Waffe und Munition einschließlich des eigentlichen Schießens wird man also am besten unter der praktischen Anleitung des Waffenhändlers oder einer anderen hierin erfahrenen Person erlernen – weit schneller und besser als aus einem Lehrbuch. Im einzelnen wird es dabei auf folgende Punkte ankommen:

1. laden, entladen, sichern und entsichern der Waffe unter Beachtung aller Sicherheitsmaßnahmen;
2. anschlagen der Waffe und (simulierte oder scharfe) Schußabgabe;
3. Waffen reinigen wie es nach jedem Schießen notwendig ist einschließlich des dafür erforderlichen Zerlegens – nicht ein gründliches Reinigen mit restloser Zerlegung, wie es vom Büchsenmacher vorgenommen werden sollte;
4. Beseitigung von Ladehemmungen und anderen leichten Waffenstörungen, soweit die Störungsbeseitigung aus Sicherheitsgründen unverzüglich vom Waffenbesitzer vorgenommen werden muß, gegebenenfalls Sicherheitsmaßnahmen, die zur Beseitigung einer akuten Gefahr durch die gestörte Waffe getroffen werden müssen;
5. zeigen und bezeichnen der »wesentlichen Teile« im Sinne des Waffengesetzes an der Waffe;
6. zeigen und bezeichnen der Kaliberangaben und der Beschuß- bzw. Prüfzeichen an der Waffe;
7. Identifizierung der zu einer bestimmten Schußwaffe gehörigen Munition, um ein unfallträchtiges Laden falscher Munition auszuschließen.

Bei all diesen praktischen Übungen im Rahmen der Prüfung ist weniger auf die technische Perfektion als vielmehr und in allererster Linie auf die sichere Handhabung im Hinblick auf eine Unfallverhütung zu achten. Wichtigster Gesichtspunkt muß sein, daß eine geschlossene Schußwaffe – auch wenn sie ungeladen ist – niemals mit der Laufmündung in Richtung eines Menschen gehalten wird. Während die Prüfer bezüglich der Beantwortung vieler theoretischer Fragen eine gewisse Großzügigkeit walten lassen können, müssen sie in diesem Punkt im Interesse der Sicherheit eisern durchgreifen: wer während der Prüfung die Mündung einer geschlossenen Waffe in Richtung eines Menschen hält, ist auch bei noch so großem theoretischen Wissen als durchgefallen zu betrachten. Auch eine verständliche Prüfungsaufregung kann in diesem Punkt nicht als Entschuldigung gelten. Denn in der Praxis ist die Aufregung oftmals noch größer, und trotzdem muß die Waffe unfallsicher gehandhabt werden. Gerade die Unfallverhütung ist ja eins der Hauptmotive für die Einführung der Waffen-Sachkundeprüfung gewesen!
Da sowohl die praktische Handhabung der Waffen als auch das Schießen nur schwer aus Büchern erlernbar sind und es überdies

wesentlich einfachere Möglichkeiten des Erlernens (z. B. durch Anleitung seitens des Waffenhändlers) gibt, sollen diese Dinge in diesem Leitfaden nicht beschrieben werden. Hier werden nur die Punkte behandelt, die theoretisch zu prüfen sind. Aus Gründen der leichteren Erfaßbarkeit werden sie in Form von Fragen und Antworten dargestellt. Gleichzeitig werden dadurch den Prüfern Fragenkataloge für die Prüfung in die Hand gegeben. Um Mißverständnisse zu vermeiden, muß dazu gesagt werden, daß selbstverständlich eine Frage über den gleichen Gegenstand durchaus unterschiedlich formuliert werden kann. Die folgenden, beispielhaft angeführten Fragen zielen sämtlich auf denselben Sachverhalt ab und erfordern die gleiche Antwort:

- Welches ist die Maximalschußweite Ihrer Waffe?
- Wie weit fliegen die Geschosse Ihrer Waffe bei günstigstem Abgangswinkel?
- Bis zu welcher Entfernung können unter unglücklichsten Umständen Menschen von Geschossen Ihrer Waffe gefährdet werden?
- Wie groß ist der Gefahrenbereich Ihrer Waffe?

Selbstverständlich ist seitens der Prüfer der Fragenkatalog dieses Buches nicht so aufzufassen, daß dem Prüfling sämtliche Fragen vorgelegt werden. Beispielsweise ist es für alle Antragsteller unwichtig, die Ausschließungsgründe für die Erteilung waffenrechtlicher Genehmigungen zu kennen. In diesem Buch sind sie mehr der Vollständigkeit halber und zur allgemeinen Orientierung aufgeführt worden. Wird ein Antrag abgelehnt und fühlt sich der Antragsteller ungerecht behandelt, so kann er immer noch im Waffengesetz oder in der einschlägigen Literatur nachlesen.
Für Inhaber der speziellen Waffenbesitzkarten für Sammler oder für Sportschützen kann es gelegentlich von Bedeutung sein, zu wissen, welche Gegenstände überhaupt Schußwaffen im Sinne des Gesetzes sind, welche Schußwaffen welchen Bestimmungen des Waffengesetzes unterliegen, bei welcher Gesamtlänge die Grenze zwischen Lang- und Kurzwaffe gezogen worden ist oder was im rechtlichen Sinn unter einer Selbstladewaffe zu verstehen ist. Für die Inhaber einer Einzelerlaubnis, in der die betreffende Schußwaffe ganz genau festgelegt ist, erübrigen sich dagegen alle derartigen Fragen, da sie für ihn ohne Bedeutung sind.
Die Prüfung ist also konkret auf die Anforderungen auszurichten, die an den jeweiligen Prüfling zu stellen sind. Unwichtige Fragen sollten die Prüfer entweder vollkommen vermeiden oder zumindest

nur am Rande stellen und bei der Bewertung des Prüfungsergebnisses nur untergeordnet berücksichtigen. Der umfassende Fragenkatalog dieses Buches soll lediglich Anregung und Material geben. Zwischen den einzelnen Fragen ist absichtlich viel Platz gelassen worden, um dem Besitzer des Buches die Möglichkeit zu geben, sich zu einzelnen Punkten noch eigene Notizen zu machen.

Auch die Formulierung der Fragen sollte so einfach, so verständlich und vor allem so praxisnah wie möglich sein. Deshalb sollte man das Abfragen irgendwelcher rechtlicher Definitionen oder sonstiger Gesetzestexte unterlassen und dafür fragen: Was dürfen Sie aufgrund der von Ihnen beantragten Erlaubnis in dieser oder jener konkreten Situation tun? Was dürfen oder müssen Sie tun wenn diese oder jene Situation eintritt? Wie können oder dürfen Sie dieses durchführen, wann oder wie dürfen Sie es keinesfalls? Was haben Sie hinterher zu tun oder zu veranlassen? Anstatt also beispielsweise zu fragen, was unter »besitzen«, »erwerben« und »überlassen« im Sinne des Waffengesetzes zu verstehen ist, sollte man besser konkret fragen: »Dürfen Sie sich eine Waffe leihen oder Ihre Waffe verleihen?«, also nicht auf den abstrakten Begriff der »tatsächlichen Gewalt« abzielen, sondern auf die Praxis: welche Genehmigung braucht man wofür bzw. was darf man mit welcher Genehmigung? Anstatt zu fragen, was unter »schußbereit« und »zugriffsbereit« im Sinne des Waffengesetzes zu verstehen ist, sollte man besser fragen: »Wie bringen Sie (ohne einen Waffenschein zu besitzen) Ihre Waffe von Ihrer Wohnung auf den Schießstand – im Hosenbund, im Holster, in der Manteltasche, in einem speziellen Waffenkoffer oder wie?« Im Notwehrrecht ist völlig unsinnig die Frage: »Dürfen Sie töten?« – denn jede Schußverletzung kann tödliche Folgen haben. Nicht gut ist die Frage: »Dürfen Sie in einer Notwehrsituation auf Kinder schießen?« Besser ist es, eine konkrete Situation zu schildern und danach zu fragen: »Was tun Sie in dieser Lage?«

Selbstverständlich braucht die Antwort auf eine Frage nicht unbedingt dem vollen Wortlaut des Gesetzes oder der Antwort dieses Buches zu entsprechen. Stets kommt es weniger auf eine in jeder Hinsicht korrekte als vielmehr auf eine sinngemäß richtige Antwort an. In vielen Fällen genügt auch eine beispielhafte Aufzählung, etwa bei der Frage nach verschiedenen Geschoßarten oder bei der Frage nach Kaliberbezeichnungen. Sowohl bei der Bewertung der einzelnen Antworten als auch bei der Bewertung des Gesamtergebnisses ist stets die große Zielsetzung der Sachkundeprüfung im

Auge zu behalten: zu verhindern, daß durch grobe Unkenntnis Unfälle entstehen oder strafbare Handlungen begangen werden!
Oftmals kann man als Prüfer feststellen, daß ein Kandidat zwar auf eine Frage wie aus der Pistole geschossen einen auswendig gelernten Text herunterrasselt, daß er aber damit keinerlei Vorstellung verbindet. Besonders häufig kann man diese Beobachtung beim Thema Notwehr machen. Auf eine entsprechende Frage wird zwar der genaue Wortlaut des § 32 Abs. 2 StGB aufgesagt. Vielfach können auch noch einzelne Begriffe, wie »gegenwärtig« oder »rechtswidrig« erklärt werden. Schildert dann jedoch der Prüfer eine konkrete Situation, so wird er nicht selten feststellen, daß der Prüfling sie zu den eben noch so schön aufgesagten Texten nicht in Beziehung bringen kann.
Wollte man sich als Prüfer damit zufrieden geben, wäre die ganze Sachkundeprüfung eine Farce, bestenfalls dazu angetan, den Staatsbürgern durch ein Auswendiglernen und Aufsagen von Texten die Erlangung waffenrechtlicher Genehmigungen zu erschweren. Das aber kann nicht Sinn dieser Prüfung sein! Vielmehr soll der zukünftige Waffenbesitzer ja über Kenntnisse verfügen, die für ihn im Umgang mit den Waffen hilfreich sind!
Sowohl während der Ausbildung als auch während der Prüfung muß deshalb stets allergrößter Wert auf Praxisnähe gelegt werden! Beispielsweise lassen sich alle Dinge, welche sich direkt auf Waffe oder Munition beziehen, am besten prüfen, wenn der Prüfling sie an der Waffe oder einer Patrone zeigen kann. Insbesondere allen denjenigen Prüflingen, die durch ihren Beruf oder privat mehr praktisch-handwerklich orientiert sind, fällt eine solche Prüfungsweise sehr viel leichter. Sie hat zudem den Vorteil, daß die Prüfer den Kandidaten etwas länger hinsichtlich seines sicheren und sorgfältigen Umgangs mit der Waffe beobachten können. Alle sonstigen waffentechnischen oder rechtlichen Fragen behandelt man am besten in Form von praxisnahen Beispielen. Liegt der Verdacht nahe, daß der Kandidat mit auswendig gelernten Texten keine konkreten Vorstellungen verbindet, kann man ein und dieselbe Frage mehrfach an jeweils abgewandelten Beispielen erörtern.
Während der Prüfung sollte allerdings keinerlei Unterricht erteilt werden. Die Prüfer sollten sich darauf beschränken, eindeutige Fragen zu stellen und auf einer ebenso eindeutigen Antwort bestehen. Anschließend sollte man dem Prüfling zu verstehen geben, ob die Antwort richtig oder falsch war, gegebenenfalls kann seitens des Prüfers die Antwort richtiggestellt werden.
In diesem Buch ist bei den Antworten auf die meisten rechtlichen

Fragen die jeweilige Stelle des Waffengesetzes beziehungsweise der zutreffenden Verordnung angegeben. Selbstverständlich braucht ein Prüfling diese Paragraphenangaben nicht zu wissen. Sie sind in diesem Buch nur gemacht worden, damit jeder Interessent sie auch im Originaltext des Gesetzes beziehungsweise der Verordnung nachlesen kann. Auch sind in dem hier vorliegenden Vorbereitungsbuch auf die Sachkundeprüfung nur die wichtigsten rechtlichen Fragen behandelt, soweit sie für die Sachkundeprüfung von Bedeutung sind.
Das jetzt vor dem Leser liegende Buch stellt also einen Leitfaden für die Vorbereitung und Durchführung der theoretischen Sachkundeprüfung dar, wie sie für die Erteilung einer Waffenbesitzkarte, eines Munitionserwerbscheins, eines Waffenscheins oder einer Schießerlaubnis abgelegt werden muß. Die wesentlich weiter reichenden Anforderungen für die Genehmigungen zur gewerblichen oder nichtgewerblichen Waffenherstellung sowie zum Waffenhandel sind nicht berücksichtigt, da sie für die breite Masse der Waffeninteressenten Ballast sein und sie lediglich verwirren würden. Wer diese weiterreichenden Genehmigungen beantragt, wird im allgemeinen ohnehin eine entsprechende Berufsausbildung genossen haben. In den seltenen Fällen, in denen die Waffenherstellungserlaubnis aus reiner Liebhaberei beantragt wird, muß sich der Antragsteller durch ein gründliches Selbststudium die nötigen Kenntnisse aneignen.
Zur Benutzung dieses Buches sei folgendes angemerkt: Hinweise auf andere Gesetze als das Waffengesetz und auf Verordnungen sind in diesem Buch stets mit der Bezeichnung des betreffenden Gesetzes bzw. der betreffenden Verordnung versehen, meist mit der im Abkürzungsverzeichnis dieses Buches (s. S. 8) angegebenen Abkürzung (z. B. § 8 Abs. 1 der 1. WaffV oder § 127 Abs. 1 StPO). Fehlt die Bezeichnung des Gesetzes, so ist stets das Waffengesetz in der Fassung der Bekanntmachung vom 8. März 1976 gemeint.

Die Handhabung von Waffen und Munition

1. Allgemeine Sicherheitsregeln

Welches ist das oberste Gebot für jeden Umgang mit Schußwaffen?

Die Beachtung aller Sicherheitsmaßnahmen!

Welches ist die wichtigste Sicherheitsregel im Umgang mit Schußwaffen?

Eine Schußwaffe ist immer als geladen zu betrachten, solange man sich nicht selber unmittelbar vorher vom Gegenteil überzeugt hat!

Wann dürfen Sie ihre Waffe auf einen Menschen richten?

Nur im Falle der Notwehr! Sonst niemals!!!

Was ist vor jeder Schußabgabe zu beachten?

Vor jeder Schußabgabe hat sich der Schütze davon zu überzeugen, ob eventuell durch den Schuß Menschen gefährdet werden können.

Darf mit jeder beliebigen Waffe geschossen werden?

Nein – nur mit Waffen, die zum Schießen zugelassen sind (s. S. 189 f.) und die funktionssicher sind!

Wann gilt eine Waffe als funktionssicher?

Wenn alle wichtigen Teile in einwandfreiem Zustand sind und alle Waffenfunktionen einwandfrei ablaufen. Als nicht funktionssicher haben z. B. Waffen zu gelten, die im Lauf oder Patronenlager Aufbauchungen, Rostnarben o. ä. aufweisen, deren Verschluß nicht einwandfrei schließt, deren Sicherung nicht zuverlässig ist, deren Schlagbolzen, Schlagstück oder Hahn nicht sicher einrastet oder sich verklemmt, deren Abzugswiderstand weit unter der jeweils vorgeschriebenen Untergrenze liegt oder die häufige Störungen in wichtigen Funktionen aufweisen.

Wie dürfen Schußwaffen verwendet werden?

Nur ihrer jeweiligen Bestimmung gemäß, also z. B. nicht als Hiebwaffen, als Schlag- oder Brechwerkzeuge o. ä. Nicht bestimmungsgemäße Verwendungen können zu einer unbeabsichtigten Schußauslösung oder zu Waffenbeschädigungen führen, die für später Unfallgefahren in sich bergen.

Was soll man vor dem Laden einer Schußwaffe tun?

Bevor man eine Schußwaffe lädt, soll man sich davon überzeugen, ob der Lauf frei von Hindernissen ist. Steckengebliebene Geschosse, Reinigungspolster u. ä., im Extremfall sogar eine dicke Schicht steif gewordenen Waffenfetts, können Ursache für eine Laufaufbauchung oder gar eine Waffensprengung und damit einer schweren Verletzung des Schützen oder umstehender Personen werden. Falls der Lauf irgendwelche Hindernisse aufweist oder dick eingeölt ist, muß er vor dem Laden mit einem Reinigungspolster durchgezogen werden.

Bei diesem Revolver führte eine stark überladene Patrone zur Sprengung der Waffe. Bei derartigen Unfällen können nicht nur wertvolle Waffen zerstört, sondern auch der Schütze oder umstehende Personen schwer verletzt werden.

Wie sind Waffen mit festsitzenden Hindernissen zu behandeln?

Aus Waffen, in deren Lauf oder Patronenlager sich festsitzende Hindernisse (steckengebliebene Geschosse, abgelöste Geschoßmäntel, abgebrochene Reinigungsstöcke o. ä.) befinden, darf keinesfalls geschossen werden. Es darf auch nicht versucht werden, diese Gegenstände aus dem Lauf herauszuschießen. Dabei würde die Waffe mit großer Sicherheit schwer beschädigt werden. Es bestünde sogar die große Gefahr einer Waffensprengung mit weitreichenden Folgen. Falls Fremdkörper sich nicht bequem mit einem Reinigungsstock hinausschieben lassen, sollte man sie niemals mit Gewalt zu entfernen versuchen. Bei jeder unsachgemäßen Gewaltanwendung im Lauf oder Patronenlager können Aufbauchungen oder andere Beschädigungen entstehen, welche die Waffensicherheit beeinträchtigen. Solche Waffen sollten so bald wie möglich dem Hersteller oder einem Büchsenmacher übergeben und dort eine fachgerechte Reparatur veranlaßt werden.

Was ist beim Laden zu beachten?

Beim Laden, Entladen und bei jedem sonstigen Hantieren ist eine Schußwaffe stets so zu halten, daß sie niemals in Richtung eines Menschen, sondern in eine ungefährliche Richtung, am besten gegen den Boden, gegen einen sicheren Kugelfang oder steil nach oben weist.

Was ist ein sicherer Kugelfang?

Als sicherer Kugelfang (Geschoßfang) kann nur ein Hindernis gelten, das

1. stark genug ist, das betreffende Geschoß sicher aufzuhalten, also nicht von dem Geschoß durchschlagen werden kann,
2. nicht das Geschoß ablenken und dadurch einen gefährlichen Querschläger verursachen kann.

Aus diesen beiden allgemeinen Forderungen ergibt sich, daß es einen sicheren Geschoßfang schlechthin nicht gibt, sondern daß die Sicherheit eines Kugelfangs immer nur in bezug auf eine ganz bestimmte Gruppe von Geschossen gesehen werden kann. Beispielsweise wird ein aus langem Gewehrlauf verschossenes militärisches Vollmantel-Spitzgeschoß ein viel dickeres Hindernis durchschlagen als ein aus kurzem Revolverlauf verschossenes Blei-Flachkopfgeschoß. Von Laien weit unterschätzt wird oft die Gefahr von Abprallern und Querschlägern. So ist dem Verfasser ein Unfall bekannt, bei dem ein Schütze aus einem Militärgewehr ein Vollmantelgeschoß im rechten Winkel auf eine Panzerplatte schoß und im gleichen Augenblick mit einem schweren Bauchschuß zusammenbrach, da das Geschoß von der Panzerplatte abgeprallt und in Schußrichtung zurückgeflogen war. Querschläger können auch bei schrägem Auftreffen auf Betonwände, Mauerwerk, Fliesen usw. entstehen. Am günstigsten sind als Geschoßfang weicher Boden oder Sand, aber auch weiches Holz, Stoff- und Papierballen o. ä.

Was ist beim Entladen von mehrschüssigen Waffen zu beachten?

Es ist daran zu denken, daß sowohl mehrläufige Waffen als auch einläufige Mehrlader nach Schußabgabe weiterhin geladen sein können. Mehrläufige und Selbstladewaffen sind dann in der Regel voll feuerbereit; Revolver sind zwar nach Schußabgabe entspannt, aber gegebenenfalls auch weiterhin geladen.

Was ist beim Entladen von Selbstlade- und Repetierwaffen zu beachten?

Es ist daran zu denken, daß sich nach Entfernung oder Entleerung des Magazins noch eine Patrone im Patronenlager des Laufes befinden und damit die Waffe weiterhin schußbereit sein kann. Es muß deshalb nach dem Entladen stets auch das Patronenlager kontrolliert werden!

Was ist beim Entladen von Revolvern zu beachten?

Es ist zu kontrollieren, ob alle Kammern der Trommel entladen worden sind.

Welchen Zweck haben Sicherungen an Schußwaffen?

Die Verhinderung einer unbeabsichtigten Schußauslösung. Dabei sind zwei unterschiedliche Gesichtspunkte zu berücksichtigen. Zunächst ist an ein versehentliches oder spielerisches Betätigen des Abzugs zu denken. Das sollte zwar eigentlich nicht vorkommen, passiert aber tatsächlich in der Praxis immer wieder. Die Sicherung soll nun verhindern, daß dabei ein Schuß ausgelöst und möglicherweise ein Unfall verursacht wird.
In mindestens gleichem, wenn nicht noch stärkerem Maße ist daran zu denken, daß die Sicherung eine ohne Schuld des Waffenträgers erfolgende Schußauslösung verhindern soll, etwa durch ein Hängenbleiben des Abzugs an Knöpfen, Riegeln oder anderen Bestandteilen der Kleidung, durch ein Einhaken von Zweigen im Wald sowie von Drähten, Pfählen oder anderen Gegenständen, durch das Hochspringen eines Hundes an dem Waffenträger, aber auch durch Fall der oder Stoß gegen die Waffe, weiter durch Erschütterungen der Waffe beim Laufen, Reiten oder Fahren im Gelände und ähnliche Einwirkungen.
Andererseits darf die Sicherung nicht so beschaffen sein, daß sie – insbesondere bei Verteidigungs- oder Jagdwaffen – die Schußabgabe unnötig und damit unter Umständen gefährlich verzögert. Letzteres kann nicht nur durch eine unzweckmäßige Konstruktion der Sicherung sondern auch durch das Vorhandensein mehrerer Sicherungen passieren. Eine derartige »Übersicherung« verleitet dazu, die Waffe ungesichert zu führen. Tatsächlich haben unpraktische Sicherungen oder »Übersicherungen« schon zu schweren, gelegentlich tödlichen Vorkommnissen geführt. »Übersicherungen« können also gerade das Gegenteil dessen bezwecken, was eigentlich Aufgabe der Sicherungen sein soll: eine größere Sicherheit für den Waffenträger und andere Personen.

Wie sicher sind Sicherungen?

Es gibt eine ganze Reihe unterschiedlicher Sicherungssysteme, die auch einen unterschiedlich hohen Sicherheitsgrad aufweisen. Jeder Waffenbesitzer muß sich jedoch darüber im klaren sein, daß es keine in jedem Fall und unter allen Umständen hundertprozentige Sicherung gibt. Manche Sicherungen – auch an teuren Waffen – können schon bei einem harten Fall der Waffe unwirksam werden und eine unbeabsichtigte Schußauslösung zulassen. Sehr viel sicherer als eine »gesicherte« Waffe ist im allgemeinen eine entspannte Waffe, jedenfalls dann, wenn aufgrund der Konstruktion der Schlagbolzen bei ungespannter Waffe die Patrone nicht berühren kann. Die hochwertigen modernen Markenrevolver in- und ausländischer Produktion besitzen deshalb in der Regel keine Sicherung. Aufgrund ihrer Konstruktion können sie bei sofortiger, völlig verzögerungsfreier Schußbereitschaft ungespannt und dadurch absolut sicher getragen werden. Sie sind dadurch sehr viel sicherer als die meisten Selbstladepistolen mit Sicherung. Ähnliche Konstruktionsmerkmale wie die genannten Revolver bieten einige moderne Selbstladepistolen. Auch eine Reihe von Gewehrmodellen besitzt keine Sicherung, sondern kann im geladenen Zustand ungespannt und damit sehr viel sicherer getragen werden als eine gesicherte Waffe. Das Spannen geht bei manchen dieser Gewehre genauso schnell wie ein Entsichern. Waffen, die in geladenem Zustand entspannt sein können, sind anderen Waffen, die im geladenen Zustand immer gespannt sind und nur gesichert werden können, vorzuziehen. Die allerbeste Sicherung ist in jedem Fall das vollkommene Entladen einer Schußwaffe.

Welche Grundtypen von Sicherungen gibt es?

Nach ihrer jeweiligen Wirkungsweise kann man die Sicherungen im wesentlichen in drei Gruppen einteilen:

1. Sicherungen, die lediglich den Abzug blockieren. Sie können ein unbeabsichtigtes Abziehen verhindern. Durch einen harten Schlag gegen die Waffe kann aber unter Umständen ein Schuß ausgelöst werden.
2. Sicherungen, welche die Kraftübertragung vom Abzug zu der das Schlagstück (bzw. Hahn) sperrenden Raste blockieren (sogenannte Stangensicherungen). Diese bieten bereits eine etwas höhere Sicherheit.
3. Sicherungen, die den Schlagbolzen, die Schlagfeder oder das Schlagstück blockieren. Diese Sicherungen bieten den höchsten Sicherheitsgrad.

Schematische Darstellung der drei Sicherungssysteme von Kipplaufwaffen

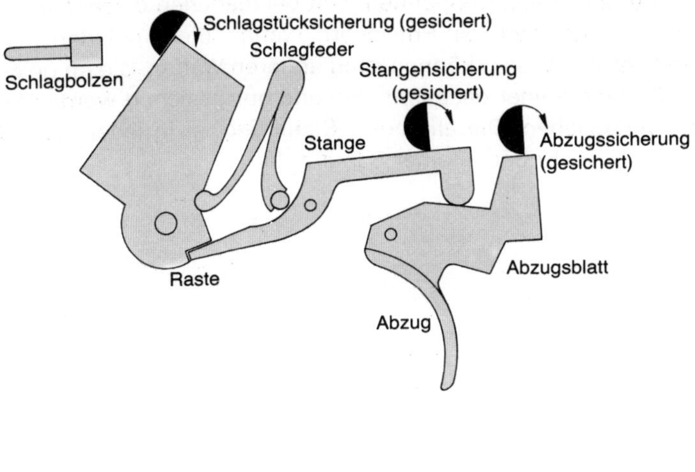

In der Abbildung sind diese drei Sicherungsarten im Prinzip dargestellt. Die Sicherungswellen zeigen hier den gesicherten Zustand. Zum Entsichern werden sie um 90° geschwenkt. Im einzelnen kann die Ausführung jedoch sehr unterschiedlich sein. So können beispielsweise Schlagstück bzw. Hahn und Schlagbolzen entweder getrennt oder fest miteinander verbunden sein, was auch hinsichtlich des Sicherheitsmechanismus von Bedeutung ist. In anderen Fällen kann anstatt des Schlagstücks und/oder des Schlagbolzens die Schlagfeder blockiert werden. Bei einigen ganz neuen Konstruktionen kann der Schlagbolzen verschwenkt werden. Im einzelnen sind die Sicherungssysteme so vielfältig, daß sie hier nicht alle aufgeführt werden können. Die Abbildung soll nur zur grundsätzlichen Erläuterung dienen.

Wie werden Sicherungen bedient?

Neben verschiedenen automatischen Sicherungen sind vor allem die per Hand zu bedienenden von Bedeutung. Als Sicherungshebel dienen Schieber oder Kipp- bzw. Schwenkflügel. Außerdem gibt es bei einigen Faustfeuerwaffen sogenannte Griffstücksicherungen oder Griffrückensicherungen. Beim festen Umfassen des Waffengriffes werden sie eingedrückt und entsichern dadurch die Waffe. Beim Loslassen des Waffengriffs treten sie mittels Federdruck wieder heraus und sichern dadurch die Waffe.

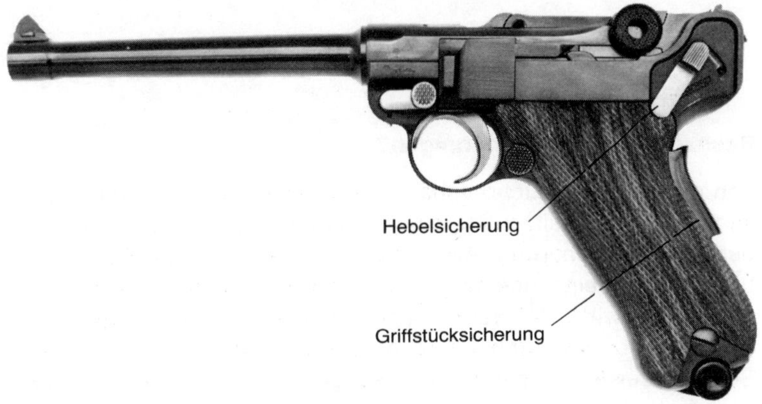

Parabellumpistole mit zwei deutlich zu erkennenden Sicherungen: Einer Griffstücksicherung an der Hinterseite des Griffes und einer Hebelsicherung an der linken Waffenseite hinten.

Woran erkennt man, ob eine Waffe gesichert ist?

Bei bewußt manuell zu betätigenden Sicherungen sind in aller Regel Kennzeichen angebracht, mit deren Hilfe eindeutig zu erkennen ist, ob die Waffe gesichert oder ungesichert ist. Meistens werden die Buchstaben S (für sicher) und F (für Feuer) oder ein weißer (für sicher) und ein roter Punkt (für Feuer) verwendet. Da diese Merkmale bei Dunkelheit nicht zu erkennen sind, sollte man sich merken, bei welcher Stellung des Sicherungshebels die eigene Waffe gesichert bzw. ungesichert ist.

Besitzen Revolver Sicherungen?

Von den heute als Gebrauchs- oder Sportwaffen üblichen modernen Revolvern besitzen nur einige wenige Modelle eine manuell zu betätigende Sicherung. Alle anderen modernen Qualitätsrevolver haben jedoch eine innenliegende, an den Abzug gekoppelte Sicherung, die bewirkt, daß der Schlagbolzen die Patrone oder der Hahn den Schlagbolzen nur bei durchgezogenem Abzug erreichen kann. Solange der Abzug nicht durchgezogen und in der hinteren Stellung festgehalten wird, verhindert ein Hahnsperrstück das für eine Schußauslösung notwendige völlige Vorschnellen des Hahns. Dieses Hahnsperrstück verhindert eine unbeabsichtigte Schußauslösung selbst beim Bruch einer Abzugsraste, beim Abrutschen des Hahns über eine abgenutzte und nicht mehr sicher haltende Raste oder beim Abrutschen des Hahns beim Spannen zum Singleactionschießen. Diese automatisch wirkende Sicherung der modernen Revolver wirkt weit zuverlässiger als die meisten bewußt manuell zu betätigenden Sicherungen und kann dabei doch selbst in größter Aufregung und höchster Eile eine beabsichtigte Schußabgabe nicht verzögern oder gar verhindern. Sie ist damit den bewußt manuell zu betätigenden Sicherungen anderer Waffensysteme weit überlegen!

Woran erkennt man, ob eine Waffe geladen ist?

Viele Waffen, jedoch keineswegs alle, haben sicht- und/oder fühlbare Marken (z.B. sogenannte Signalstifte), an denen sich sehen oder auch bei Dunkelheit fühlen läßt, ob die Waffe geladen oder gespannt ist. Bei Schußwaffen mit außenliegendem Hahn kann man auch an dessen Stellung erkennen, ob die Waffe gespannt ist.

Was ist hinsichtlich verschiedener Waffentypen zu beachten?

Bei den zahllosen Fabrikaten, Typen und Modellen von Verteidigungs-, Jagd- und Sportwaffen gibt es hinsichtlich der Handhabung so viele Besonderheiten, daß es unmöglich ist, sie hier alle zu beschreiben. Andererseits ist es aus Sicherheitsgründen unumgänglich notwendig, daß jeder Waffenbesitzer mit seiner Waffe vollauf vertraut ist und er sie in jeder Hinsicht sicher bedienen kann. Beim Erwerb einer Waffe sollte man sich deshalb als allererstes und allerwichtigstes mit allen ihren Eigenschaften gründlich vertraut machen! Das hat zunächst mit der ungeladenen Waffe zu geschehen, sodann mit unscharfen Exerzierpatronen, Pufferpatronen oder notfalls mit leeren Patronenhülsen, erst dann auf einem für diese Waffe und diese Munition zugelassenen Schießstand mit scharfer Munition. Hierbei sind Waffenfunktion, Streuung und Treffpunktlage zu prüfen, gegebenenfalls zu korrigieren oder vom Büchsenmacher korrigieren zu lassen.

Was ist bei der Übergabe einer Waffe zu beachten?

Bei Übergabe einer Schußwaffe an eine andere Person ist dieser der Bereitschaftszustand bekanntzugeben, z. B. »geladen und gesichert«. Ausnahmen hiervon dürfen nur gemacht werden, wenn der Zustand auf den ersten Blick zweifelsfrei erkennbar ist, beispielsweise bei einer zerlegten Waffe, bei einem aufgeklappten Kipplaufgewehr o. ä.

Was ist bei der Übernahme einer Waffe zu beachten?

Der Übernehmende hat sich sofort zu überzeugen, in welchem Bereitschaftszustand sich die Waffe befindet.

2. Waffenarten

Was sind Handfeuerwaffen?

Handfeuerwaffen sind – im Gegensatz zu Geschützen – alle Waffen, die von einem Mann getragen und aus der Hand (also ohne Lafette o. ä.) abgefeuert werden können und bei denen zum Antrieb der Geschosse heiße Gase verwendet werden.

Welche Hauptarten von Handfeuerwaffen unterscheidet man?

1. Gewehre oder Langwaffen, die mit einem Kolben oder einer Schulterstütze in die Schulter eingesetzt und mit beiden Händen gehalten werden.
2. Faustfeuerwaffen oder Kurzwaffen, die normalerweise nur mit einer Hand gehalten und abgefeuert werden.

Welche Grundtypen von Gewehren gibt es?

Büchsen, Flinten und kombinierte Gewehre (s. Abb. S. 36–37).

Welcher Unterschied besteht zwischen Büchse und Flinte?

Eine Büchse ist ein Gewehr mit gezogenem Lauf für Einzelgeschosse. Eine Flinte ist ein Gewehr mit glattem Lauf zum Verschießen von Schrotladungen.

Gewehrtypen

Flinten

Einläufige Flinte (Einzel- und Mehrlader)

Doppelflinte (Querdoppelflinte)

Bockdoppelflinte

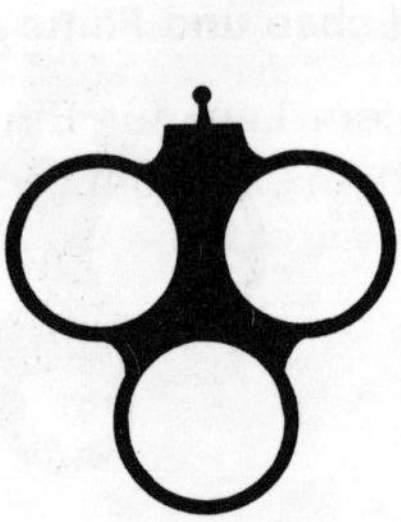

Schrotdrilling

Büchsen

Einläufige Büchse (Einzel- und Mehrlader)

Doppelbüchse (Querdoppelbüchse)

Bockdoppelbüchse

Bergstutzen

Kombinierte Gewehre

Büchsflinte

Bockbüchsflinte

Drilling

Doppelbüchsdrilling

Bockdrilling

Waldläufer
(Schienendrilling)

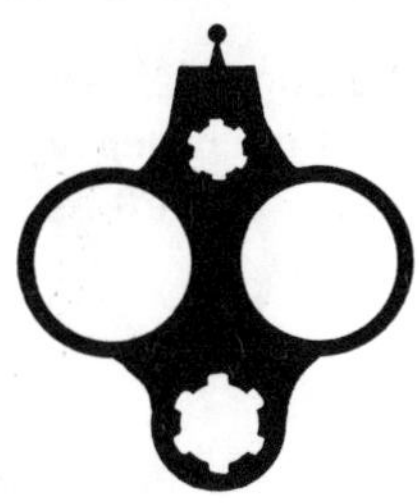

Vierling

Was ist ein gezogener Lauf?

Ein gezogener Lauf hat ein schraubenförmig gedrehtes Profil. Die eingefügte Zeichnung stellt einen Querschnitt dar. Die Vertiefungen in der Laufinnenwand nennt man Züge, die erhabenen Teile Felder. Fast alle neueren Waffen haben vier oder (seltener) sechs Züge und ebensoviele Felder. Andere Zug- und Feldzahlen sowie besondere Abweichungen in der Gestaltung von Zügen, Feldern, Drall usw. sind entweder historische Konstruktionen oder waffentechnische Spezialitäten, die hier vernachlässigt werden können.

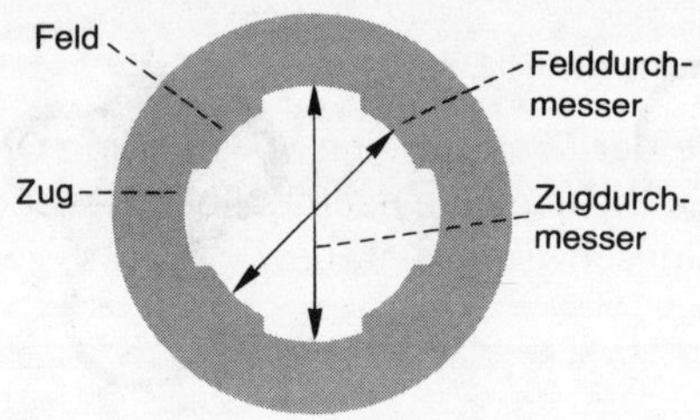

Querschnitt durch einen Büchsenlauf mit Zug- und Feld-Profil

Wie groß ist die Zugtiefe?

Die Zugtiefe, also die Vertiefung der Züge gegenüber den Feldern, ist je nach der Waffenart und der daraus zu verschießenden Munition sehr unterschiedlich. Sie schwankt etwa zwischen $\frac{1}{20}$ und $\frac{1}{4}$ mm.

Was versteht man unter Drall?

Züge und Felder laufen nicht gerade durch den Lauf sondern schraubenförmig gedreht. Diese Drehung wird als Drall bezeichnet. Je nachdem, ob sie in Schußrichtung gesehen rechts oder links herum läuft, spricht man von Rechts- oder Linksdrall.

Was versteht man unter Drallänge?

Die Strecke, die der Drall für eine vollständige Drehung benötigt, ist die Drallänge. Sie liegt – je nach Kaliber, Geschoßtyp, beabsichtigter Geschoßgeschwindigkeit usw. – etwa zwischen 20 und 40 cm.

Was sind Polygonläufe?

Bei den sogenannten Polygonläufen wird der Drall nicht durch scharfkantige Züge und Felder bewirkt, sondern durch ein Vieleckprofil mit sehr fließend abgerundeten Ecken.

Kann man aus Flintenläufen auch Einzelgeschosse verschießen?

Obwohl die glatten Flintenläufe eigentlich für den Schrotschuß bestimmt sind, kann man aus ihnen auch speziell hierfür konstruierte Einzelgeschosse, die sog. Flintenlaufgeschosse, verschießen. Diese Flintenlaufgeschosse sind jedoch nur als Notlösung aufzufassen, da ihre Schußpräzision – im Vergleich zu den aus gezogenen Läufen verschossenen Büchsengeschossen – nur gering ist. Dadurch kommen die Flintenlaufgeschosse ausschließlich für jagdliche Zwecke auf kurze Entfernung (bis etwa Schrotschußentfernung, also bis etwa 40 m) in Frage, d. h. hauptsächlich für Nachsuchen auf krankes Schalenwild, ausnahmsweise auch noch für spezielle Saujagden.

Was versteht man unter Würgebohrung oder Choke(-Bohrung)?

Während man ursprünglich die glatten Flintenläufe vollkommen zylindrisch herstellte (Zylinderlauf, Zylinderbohrung), bohrt man sie jetzt schon seit langem so, daß sie sich kurz vor der Mündung mehr oder minder stark und auch in unterschiedlichen Formen verengen. Diese als Würgebohrung, Chokebohrung oder auch einfach Choke bezeichneten Mündungsgestaltungen führen zur Verengung der Schrotgarbenstreuung und damit zu einer Vergrößung der wirkungsvollen Schußentfernung, außerdem zu einer gleichmäßigeren Verteilung der Schrote innerhalb der Garbe (bessere Deckung). Im einzelnen kann man Art und Stärke der Würgebohrung je nach dem beabsichtigten Zweck sehr verschieden ausführen. Für unterschiedliche jagdliche und sportliche Zwecke kann man die jeweils günstigste Bohrung wählen.

Kann man aus gezogenen Läufen auch Schrotladungen verschießen?

In einigen wenigen Kalibern gibt es auch Schrotpatronen zum Verschießen aus gezogenen Läufen. Sie bringen aber einerseits keine guten Ergebnisse und können andererseits unter Umständen dem Lauf schaden. Man sollte sie deshalb nur ausnahmsweise für besondere Spezialzwecke benutzen.

Was sind kombinierte Gewehre?

Kombinierte Gewehre sind mehrläufige Gewehre, die mindestens einen Büchsen- und einen Flintenlauf enthalten: Büchsflinten, Bockbüchsflinten, Drillinge, Bockdrillinge, Doppelbüchsdrillinge, Vierlinge u. ä. Bei all diesen Waffentypen handelt es sich um reine Jagdgewehre (s. Abb. S. 37).

Was versteht man unter Kleinkalibergewehr oder Kleinkaliberbüchse?

Im Gegensatz zu dem allgemeineren Begriff des kleinkalibrigen Gewehrs oder der kleinkalibrigen Büchse (Büchse mit relativ kleinem Kaliber jedoch für oftmals recht unterschiedliche Munition) versteht man unter Kleinkalibergewehr oder Kleinkaliberbüchse ein Gewehr mit gezogenem Lauf für die Patrone .22 l. r. (long rifle = lang für Büchsen).

Was sind Kipplaufgewehre?

Gewehre, bei denen zum Laden und Entladen nach Entriegeln des Verschlusses die Läufe abgekippt werden. Alle mehrläufigen Hinterladegewehre sowie einige einläufige Hinterladegewehre sind nach dem Kipplaufprinzip konstruiert.

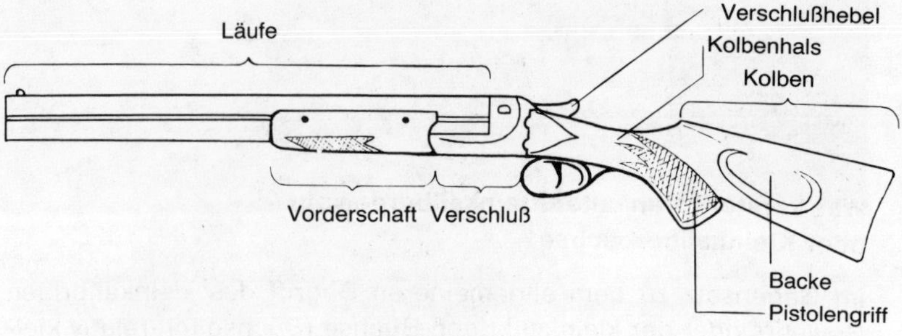

Kipplaufgewehr (hier Bockdoppelflinte)

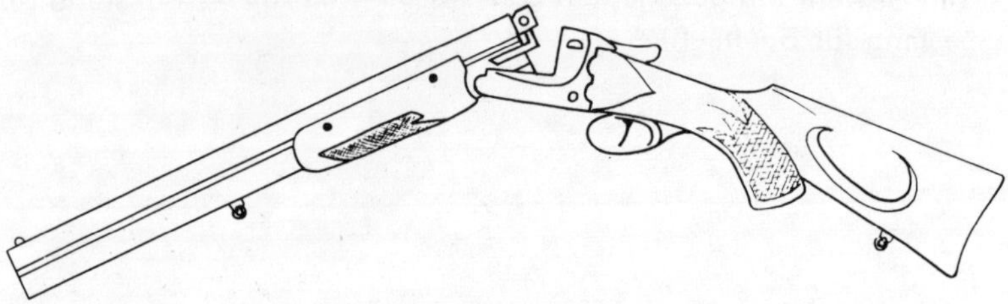

Bockdoppelflinte aufgeklappt

Drillinge gehören zu den bekanntesten kombinierten Jagdgewehren. Hier ein aufgeklappter Drilling der Fa. Sauer & Sohn mit wertvollen Gravuren. Deutlich erkennt man die beiden oben liegenden Flintenläufe, den darunter liegenden Büchsenlauf, das Verschlußsystem mit dem Verschlußhebel, den oben auf dem Kolbenhals liegenden Schieber zur Umschaltung des vorderen Abzugs vom Büchsenlauf auf den rechten Schrotlauf, die Abzüge und die an der linken Seite über den Abzügen liegende Sicherung.

Was sind Repetiergewehre?

Repetiergewehre sind einläufige, mehrschüssige Gewehre und besitzen ein Magazin für eine mehr oder minder große Zahl von Patronen, die jedoch nicht – wie beim Selbstlader – automatisch, sondern nur durch eine besondere Handlung des Schützen, das sogenannte Repetieren, in das Patronenlager nachgeführt werden. Gleichzeitig wird beim Repetieren die leere Hülse des vorherigen Schusses ausgeworfen und meistens auch das Schloß für den neuen Schuß gespannt. In Europa sind vor allem Repetierbüchsen bekannt, bei denen das Repetieren mit Hilfe eines rechtsseitigen Kammerstengels erfolgt (Mauser-System und ähnliche). In Amerika sind außerdem zwei andere Arten von Repetiersystemen weit verbreitet: die Unterhebelrepetierer (lever action) und die Vorderschaftrepetierer (pump action, slide action). Letztere werden vielfach auch als Flinten (pump guns) hergestellt. Da das Repetieren zwischen den Schüssen eine besondere manuelle Tätigkeit erfordert, zählen die Repetierwaffen zwar zu den Mehrladern, nicht aber zu den Selbstladern.

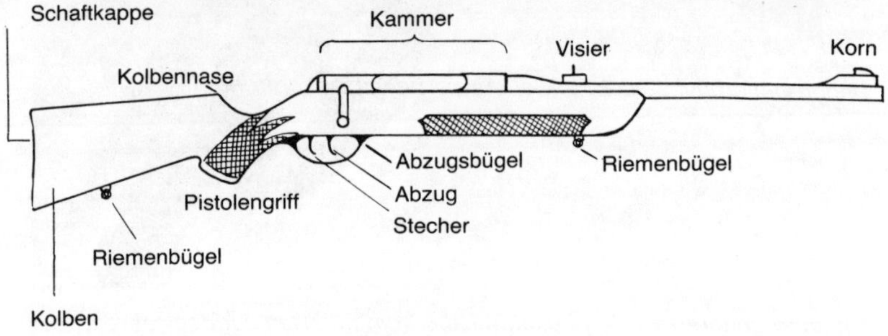

Repetierbüchse

Was ist ein Stutzen?

Als Stutzen werden nach heutigem Sprachgebrauch Repetierbüchsen mit kurzem Lauf (etwa 50 cm gegenüber 60–65 cm bei sonstigen Repetierbüchsen) und bis an die Laufmündung reichendem sogenannten Ganzschaft bezeichnet.

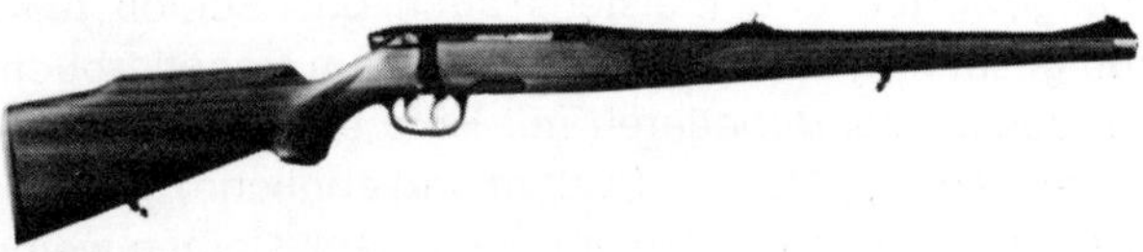

Steyr-Mannlicher Stutzen

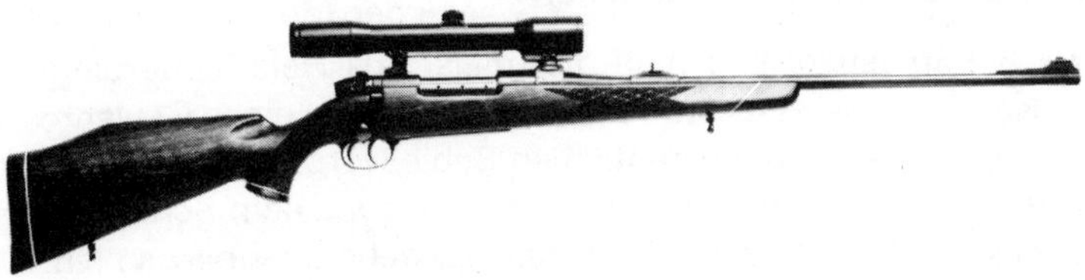

Jagdrepetierbüchse der Fa. Sauer & Sohn mit Zielfernrohr

Was ist ein Bergstutzen?

Im Gegensatz zum vorstehend beschriebenen Stutzen ist ein Bergstutzen ein Kipplaufgewehr mit zwei übereinander liegenden Büchsenläufen, von denen einer für eine Hochwildpatrone eingerichtet ist (z. B. 7 × 57 R, 7 × 65 R u. ä.) und der andere für eine kleinkalibrige Patrone (z. B. .22 WMR, .22 Hornet, .222 Rem. u. ä.). Das Mündungsbild eines solchen Bergstutzens ist auf Seite 36 abgebildet.

Was bezeichnet man als Schaft?

Als Schaft bezeichnet man die (meist aus Holz, neuerdings teilweise auch aus Kunststoff bestehenden) Teile eines Gewehres, die einerseits die für die eigentlichen Schießvorgänge wichtigen Teile halten bzw. aufnehmen und die andererseits dem Schützen einen zweckmäßigen Anschlag mit dem Gewehr erlauben sollen. Man unterscheidet den hinter dem Verschlußgehäuse bzw. dem Abzugsbügel liegenden Hinterschaft (Kolbenhals mit oder ohne Pistolengriff und Kolben mit Kolbennase, Schaftbacke und Schaftkappe) und den vorn liegenden Vorderschaft (s. hierzu die Abbildungen auf den Seiten 42 und 44). Bei Faustfeuerwaffen werden gelegentlich auch die Griffschalen als Schaft bezeichnet. Eine gut, vielleicht gar nach Maß für den Besitzer angefertigte Schäftung kann sehr zu guten Schußleistungen beitragen. Eine alte Jägerweisheit besagt: »Der Lauf schießt, der Schaft trifft!«

Welche Grundtypen von Faustfeuerwaffen gibt es?

Einläufige einschüssige Pistolen, mehrläufige Pistolen, Selbstladepistolen und Revolver. Als Gebrauchswaffen besitzen heute jedoch nur noch die Selbstladepistolen und die Revolver eine größere Verbreitung.

Selbstladepistole

Revolver

Was sind Selbstladewaffen im waffentechnischen Sinne?

Im waffentechnischen Sinne sind Selbstladewaffen solche Schußwaffen, bei denen nach Abgabe eines Schusses durch die Rückstoßenergie oder durch den Gasdruck ein Mechanismus in Gang gesetzt wird, der die abgeschossene Patronenhülse auswirft, eine neue Patrone aus dem Magazin in das Patronenlager repetiert und das Schloß spannt, so daß der Schütze für den nächsten Schuß lediglich erneut abzuziehen braucht. Das neue Waffengesetz definiert den Begriff der Selbstladewaffe allerdings etwas anders, so daß danach außer den Rückstoß- und Gasdruckladern auch die Double Action-Revolver zu den Selbstladewaffen zählen. Es ist also stets darauf zu achten, ob der Begriff der Selbstladewaffe im waffentechnischen oder im Sinne des Waffengesetzes gemeint ist.

Was sind halbautomatische Waffen?

Hier handelt es sich lediglich um eine andere Bezeichnung für Selbstladewaffen (im waffentechnischen Sinne).

Was sind vollautomatische Waffen?

Vollautomatische oder Maschinenwaffen funktionieren ähnlich wie halbautomatische oder Selbstladewaffen. Der Unterschied liegt lediglich darin, daß bei den Halbautomaten für jeden Schuß erneut abgezogen werden muß, während ein Vollautomat bei einmaligem Abziehen so lange feuert, bis entweder alle in der Waffe vorhandenen Patronen verschossen sind oder der Abzug vom Schützen wieder vorgelassen wird.

Welche Arten von Selbstladewaffen gibt es?

Selbstladebüchsen, Selbstladeflinten und Selbstladepistolen. Revolver sind im waffentechnischen Sinne keine Selbstladewaffen, doch zählen im waffenrechtlichen Sinne auch die Double Action-Revolver zu den Selbstladewaffen.

Was sind Rückstoßlader und was Gasdrucklader?

Bei Rückstoßladern wird der Selbstlademechanismus durch die Rückstoßenergie der jeweils abgeschossenen Patrone betätigt. Nach diesem Prinzip funktionieren die Selbstladepistolen sowie die für schwache Patronen vorgesehenen Selbstladebüchsen. Die Selbstladebüchsen für stärkere Patronen sowie die Selbstladeflinten sind überwiegend Gasdrucklader. Bei diesen wird durch seitliche Laufbohrungen ein Teil des beim Schuß entstehenden Gasdrucks abgeleitet und zur Betätigung des Selbstlademechanismus benutzt.

Wie funktionieren Selbstladepistolen?

Im Prinzip wie alle anderen Selbstlader (siehe oben). In der untenstehenden Abbildung ist eine Selbstladepistole im Schnittbild dargestellt.

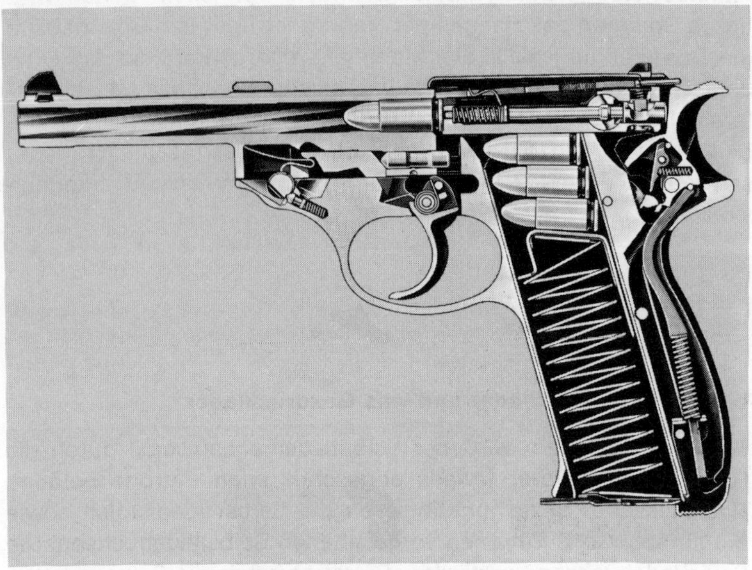

Schnitt durch P 38 (P 1 der Bundeswehr)

Die Magazinkapazität der gängigen Gebrauchspistolen beträgt 6 bis 9 Patronen, bei einigen Modellen bis zu 15 Patronen. Das leergeschossene Magazin kann bei allen heutigen Gebrauchspistolen als ganzes herausgezogen und gegen ein volles Ersatzmagazin ausgetauscht werden.

Wie funktioniert ein Revolver?

Ein Revolver (unnötigerweise gelegentlich auch als Trommelrevolver bezeichnet) besitzt kein Magazin, sondern eine Trommel oder Walze, in der sich mehr oder minder viele (meist fünf bis sechs) Kammern für je eine Patrone befinden. Vor jedem Schuß wird durch Spannen des Hahnes per Hand oder über den Spannabzug die Trommel um jeweils eine Kammer weitergedreht, so daß auch beim Revolver alle in der Waffe befindlichen Patronen schnell hintereinander abgefeuert werden können. In der untenstehenden Abbildung wird ein Revolver gezeigt, in dessen seitlich ausgeschwenkter Trommel deutlich die sechs Kammern zu erkennen sind.

Es gibt Revolver, bei denen vor jeder Schußabgabe der Hahn per Hand gespannt werden muß (single action) und solche Revolver, bei denen jeder Schuß auch mittels Spannabzug abgefeuert werden kann (double action). Als Gebrauchswaffen werden heute fast ausschließlich die technisch reiferen Double-Action-Revolver geführt. Bei den meisten von ihnen kann nach Wahl sowohl »single action« als auch »double action« geschossen werden.

Welcher Unterschied besteht zwischen »single action« und »double action«?

Beide (aus Amerika stammenden) Begriffe beziehen sich auf die Abzugsfunktion. Bei »single action« wird mit Hilfe des Abzugs der vorher bereits gespannte Hahn aus der ihn festhaltenden Raste gelöst, so daß er unter Einwirkung der starken Schlagfeder nach vorn schnellt und über den Schlagbolzen die Patrone zündet. Bei »double action« wird mit Hilfe des Abzugs zunächst der Hahn rückwärts bewegt und dabei die Schlagfeder gespannt. Ist bei dieser Rückwärtsbewegung der Auslösepunkt erreicht, schnellt der Hahn automatisch nach vorn. Lediglich durch das Zurückziehen des Abzugs, also eine Tätigkeit des Schützen, wird eine doppelte Bewegung des Hahns (double action = doppelte Bewegung) ausgelöst: erst die Rückwärtsbewegung in die Spannstellung, dann die Auslösung des Hahnschlags. Dieses System ist zunächst bei Revolvern verwirklicht worden, seit über einem halben Jahrhundert aber auch bei Selbstladepistolen, so daß es außer den Double-Action-Revolvern auch Double-Action-Pistolen gibt. Mit beiden kann man, jedenfalls bei den allermeisten Modellen, sowohl »single action« als auch »double action« schießen, je nachdem, ob man den Hahn vorher oder erst durch Betätigung des Abzugs spannt.

Sind Revolver Selbstladewaffen?

Im waffentechnischen Sinne ist kein Revolver eine Selbstladewaffe, da hier der Nachladevorgang nicht selbsttätig geschieht sondern lediglich durch die Muskelkraft des Schützen. Single-Action-Revolver sind auch im Sinne des Waffengesetzes keine Selbstladewaffen, da hier der Nachladevorgang nicht über den Abzug geschieht. Wohl aber sind – wie oben bereits gesagt – nach der Definition des Waffengesetzes Double Action-Revolver Selbstladewaffen, was gegebenenfalls zu beachten ist.

Ist die Revolvertrommel Magazin oder Patronenlager?

Die Revolvertrommel erfüllt eine doppelte Aufgabe. Da sie den gesamten Patronenvorrat in der Waffe enthält, ist sie dem Magazin von Selbstladepistolen vergleichbar. Andererseits ist jede einzelne Kammer ein vom Lauf getrenntes Patronenlager, da die Patrone zum Schuß in der Kammer gezündet wird. Patronenlager im eigentlichen, funktionellen Sinn ist stets nur die Kammer, in der die Patrone für den Schuß gezündet wird, die also beim Schuß zwischen Lauf und Stoßboden liegt.

In welchem Zustand befinden sich Selbstladepistole und Revolver nach dem Schuß?

Ein wesentlicher Unterschied zwischen Selbstladepistole und Revolver besteht in ihrem Zustand nach dem Schuß.
Bei der **Selbstladepistole** befindet sich nach dem Schuß aufgrund des Selbstladevorgangs eine neue scharfe Patrone in dem Patronenlager des Laufes, das Schlagwerk (Hahn, Schlagstück, Schlagbolzen, Schlagfeder) ist gespannt, der Abzug steht in seiner leichtesten Stellung und mit kürzestem Abzugsweg. Die Waffe ist also in höchster Feuerbereitschaft und ein (auch unbeabsichtigter) Schuß kann bei den allermeisten Modellen bereits durch einen harten Schlag gegen die Waffe ausgelöst werden. Eine große Gefahr liegt auch darin, daß der Schütze nach einem vorhergehenden ersten Schuß mittels Spannabzug unbewußt auf den hohen Abzugswiderstand und den langen Abzugsweg eingestellt ist und er in der Aufregung einer gefährlichen Situation sich nun nicht auf den nach dem Schuß sehr viel leichteren Abzugswiderstand und kürzeren Abzugsweg einstellt und dadurch versehentlich einen weiteren Schuß auslöst, der unter Umständen katastrophale Folgen haben kann.
Beim **Revolver** liegt demgegenüber nach dem Schuß eine leere Patronenhülse zwischen Schlagbolzen und Lauf, das Schlagwerk ist entspannt, dadurch der Abzugswiderstand hoch und der Abzugsweg lang. Die Gefahr einer versehentlichen weiteren Schußabgabe ist somit sehr viel geringer, eine Schußauslösung durch Gewalteinwirkung auf die Waffe gänzlich ausgeschlossen.
Nach Abgabe eines Schusses (auch Warnschusses) befindet sich der Revolver also in einem in jeder Hinsicht bedeutend höheren Sicherheitszustand. Trotzdem ist aufgrund des in der Regel weich gleitenden Spannabzugs (double action) jederzeit eine sofortige Schußabgabe möglich und dadurch die volle Verteidigungsbereitschaft gewährleistet.

Was sind Double-Action-Only-Pistolen?

Viele neueren Gebrauchs-Selbstladepistolen sind so konstruiert, daß der erste Schuß mittels Spannabzug, also »double action« abgefeuert werden kann. Werden diese Pistolen durchgeladen, entspannt und entsichert geführt, ist bei hoher Sicherheit eine sofortige Feuerbereitschaft gewährleistet. Nach dem ersten Schuß sind diese Waffen gespannt, was – wie vorstehend beschrieben – gewisse Unfallgefahren mit sich bringt. Neuerdings haben deshalb mehrere in- und ausländische Hersteller »Double-Action-Only-Pistolen« herausgebracht, bei denen alle Schüsse mittels Spannabzug abgefeuert werden müssen. Dadurch ist die Waffe nach jedem Schuß entspannt und somit weitgehend sicher. Außerdem sind Abzugswiderstand, Abzugsweg und Abzugscharakteristik von Schuß zu Schuß gleich, was ebenfalls das Unfallrisiko vermindert, dem Schützen die unter Umständen schwierige psychische Umstellung vom ersten auf die Folgeschüsse erleichtert und so auch ausbildungs- und übungsmäßig beträchtliche Vorteile bietet. Die Bedienung dieser Waffen ist deutlich unkomplizierter – das Schiessen mit ihnen wird für manchen Schützen jedoch gewöhnungsbedürftig sein. Vor allem wegen der erheblich größeren Unfallsicherheit wäre eine stärkere Verbreitung dieser Waffen sehr zu begrüßen!

Wie werden Gewehre nach Verwendungszwecken unterteilt?

Im zivilen Bereich werden die Langwaffen (Gewehre) nach ihren jeweiligen Zweckbestimmungen unterteilt in Jagdgewehre (für jagdliche Zwecke) und Sportgewehre (für das sportliche Scheibenschießen einschließlich des Tontaubenschießens). Sowohl für die z. T. sehr unterschiedlichen jagdlichen Verwendungszwecke als auch für die ebenso unterschiedlichen Schießsportdisziplinen werden noch sehr viel weiter ins einzelne gehende Unterteilungen durchgeführt. Bei den Jagdwaffen unterscheidet man insbesondere Waffen für die Verwendung auf unterschiedliche Wildarten bzw. Wildartengruppen sowie Waffen für unterschiedliche Jagdarten. Bei den Sportwaffen ergibt sich die Unterteilung im wesentlichen durch die einschlägigen Vorschriften der schießsportlichen Reglements.

Wie werden Faustfeuerwaffen nach Verwendungszwecken unterteilt?

Bei den Kurzwaffen (Faustfeuerwaffen) unterscheidet man hinsichtlich ihrer Zweckbestimmung im zivilen Bereich im wesentlichen Verteidigungswaffen und Sportwaffen. Bei den Sportwaffen lassen sich (im Prinzip wie bei den Gewehren) wieder zahlreiche Unterarten für die einzelnen schießsportlichen Disziplinen differenzieren. Als eigentliche Jagdwaffen werden Faustfeuerwaffen in den europäischen Ländern nicht benutzt. Trotzdem haben sie auch für Jäger eine erhebliche Bedeutung, einerseits als Verteidigungswaffen und bei Ausübung des Jagdschutzes, andererseits für die Abgabe von Fangschüssen, wofür jedoch keine besonderen Waffen sondern die Verteidigungswaffen verwendet werden, sofern sie eine genügend hohe (im Jagdgesetz festgelegte) Mündungsenergie erbringen.

Was sind wesentliche Teile?

Als wesentliche Teile bezeichnet das Waffengesetz diejenigen Teile von Schußwaffen, die für die Konstruktion einer funktionierenden Schußwaffe unabdingbar notwendig sind.

Welches sind die wesentlichen Teile von Schußwaffen?

Das Waffengesetz zählt als wesentliche Teile auf:

1. Den Lauf bzw. die Läufe.
2. Die Patronen- oder Kartuschenlager, wenn diese nicht bereits Bestandteil eines Laufes sind. Hierbei handelt es sich um den Teil, in dem sich die Patrone bzw. Kartusche zur Schußabgabe befindet. Bei den meisten Feuerwaffen ist das Patronen- bzw. Kartuschenlager fest mit dem Lauf verbunden, bei anderen Waffen dagegen nicht. Bei den Revolvern beispielsweise sind die Kammern der Trommel die Patronenlager. Dadurch zählt die Revolvertrommel zu den wesentlichen Teilen im Sinne des Gesetzes.
3. Den Verschluß, also den Teil, der bei der Schußabgabe das Patronen- bzw. Kartuschenlager nach hinten verschließt und dem Patronenboden als Widerlager dient.
4. Bei Kurzwaffen (bis zu 60 cm Gesamtlänge) auch das Griffstück oder sonstige Waffenteile, soweit sie für die Aufnahme des Auslösemechanismus bestimmt sind.

Welche weiteren wichtigen Teile hat eine Waffe?

Außer den wesentlichen Teilen im Sinne des Gesetzes gehören zu einer brauchbaren Schußwaffe eine Reihe weiterer wichtiger Teile. Als solche sind insbesondere zu nennen:

1. Der Auslösemechanismus mit Abzug, Übertragung, Schlagfeder, Schlagbolzen, u. U. Schlagstück oder Hahn, eventuell auch noch Stecher usw.
2. Das Sicherungssystem mit automatisch wirkenden und/oder manuell zu bedienenden Sicherungen. Nur wenige Schußwaffenarten besitzen überhaupt keine Sicherung.
3. Der Schaft mit all seinen Bestandteilen sowie gegebenenfalls mit Trage- und Stützvorrichtungen, entsprechend bei Faustfeuerwaffen des Griffstück und die Griffschalen.
4. Die Visiereinrichtung, eventuell einschließlich optischer Visierhilfsmittel, wie z. B. Zielfernrohr.
5. Bei Mehrladewaffen ein Magazin sowie die Selbstlade- oder Repetiervorrichtung. Bei Revolvern ist die Trommel (Walze) gleichzeitig Magazin und Patronenlager.

Was sind Einsteckläufe?

Einsteckläufe sind Läufe, die außen das Kaliber des sog. Mutterlaufes, also desjenigen Laufes haben, in den sie eingeführt werden sollen, und die innen ein kleineres Kaliber haben. Mit ihrer Hilfe können aus der größer kalibrigen Waffe schwächer kalibrige Patronen verschossen werden. Einsteckläufe gibt es insbesondere für Flintenläufe. Verschossen werden aus ihnen meistens Patronen .22 l. r. oder .22 Winchester Magnum. Eine größere Verbreitung besitzen auch Einsteckläufe für großkalibrige Pistolen und Revolver, aus denen z. T. die Patrone .22 l. r., z. T. die 4-mm-Übungspatronen verschossen werden. Eine besondere Gruppe von Einsteckläufen sind die sog. Einsteckpatronen. Dieses sind Einsteckläufe, die außen die Abmessungen und Formen der Originalpatrone der Waffe haben und aus denen die 4-mm-Übungspatrone verschossen wird. Durch ihre sehr geringe Länge ist die Treffgenauigkeit dieser kleinen Läufe nicht sehr groß.

Was sind Wechselläufe?

Im Gegensatz zu den Einsteckläufen werden Wechselläufe nicht in andere Läufe eingeführt, sondern vollständig gegen diese ausgetauscht. Solche Wechselläufe gibt es hauptsächlich für Gewehre, aber auch für einige wenige Faustfeuerwaffen-Modelle. Bei den Gewehren findet man sehr häufig Wechsellaufpaare für doppelläufige Gewehre. Am verbreitetsten sind Doppelflinten- und Doppelbüchsen-Wechselläufe für Büchsflinten bzw. Bockbüchsflinten.

Wozu dienen Reduzierhülsen?

Mit ihrer Hilfe können aus einer Waffe Patronen mit dünnerer und kürzerer Hülse und dadurch billigere und schwächere Patronen gleichen Kalibers verschossen werden, zum Beispiel die Patrone .22 Hornet aus einer Büchse 5,6 × 57. Die Reduzierhülsen dienen also ähnlichen Zwecken wie die Einsteckläufe und werden auch wie diese in die Waffe eingeführt. Im Gegensatz zu den eigentlichen Einsteckläufen wird hier jedoch die Geschoßführung durch den Originallauf der Waffe getätigt. Diese Reduzierhülsen werden auch als Einsätze oder Adapter bezeichnet.

Was ist ein Stecher?

Der Stecher (gelegentlich auch als Schneller bezeichnet) ist eine Zusatzvorrichtung im Abzugssystem, die es ermöglicht, den Abzugswiderstand auf ein Minimum zu reduzieren und dadurch ganz besonders genaue Schüsse abzugeben. Stecher finden sich heute vor allem in Jagdbüchsen, in kombinierten Jagdgewehren und in Matchpistolen (für das Schießen auf 50 m in der Disziplin Freie Pistole). Bei den Jagdgewehren unterscheidet man den Deutschen oder Doppelzüngelstecher und den Französischen oder Rückstecher. Der Deutsche Stecher findet sich in den meisten einläufigen Jagdbüchsen deutscher und österreichischer, gelegentlich auch anderer europäischer Produktion. Er ist charakterisiert durch das Vorhandensein von zwei Abzügen an einläufigen Büchsen. Das Auslösen des Schusses erfolgt durch den vorderen Abzug, und zwar entweder ungestochen, wobei ein hoher Abzugswiderstand zu überwinden ist, oder eingestochen, wobei nur ein äußerst geringer Abzugswiderstand zu überwinden ist. Das Einstechen erfolgt durch Zurückziehen des hinteren Abzugs, bis dieser hörbar einrastet. Der Rückstecher findet sich bei einigen einläufigen Büchsen sowie bei Doppelbüchsen und kombinierten Gewehren. Die Schußabgabe ist auch hier sowohl ungestochen als auch eingestochen möglich. Das Einstechen erfolgt durch Vordrücken des Abzugs, bis dieser hörbar einrastet. Bei Matchpistolen ist die Schußabgabe meist nur in gestochenem Zustand möglich. Das Einstechen erfolgt bei den meisten heutigen Modellen durch Betätigen eines seitlichen Hebels.

3. Munitionsarten

Welche Munition dürfen Sie aus Ihrer Waffe verschießen?

Nur Munition, für die Ihre Waffe konstruiert und zugelassen ist. Auf jeder Waffe befindet sich eine entsprechende Angabe.

Worauf ist bei der Auswahl der Patronen zu achten?

Bei der Auswahl der Patronen für eine bestimmte Waffe ist streng darauf zu achten, daß sie genau die Bezeichnung führen, die auf der Waffe angegeben ist. Andere, nicht zu der Waffe gehörige Munition kann zwar in vielen Fällen geladen werden, dann aber u. U. zu Waffensprengungen und damit zu sehr schweren Unfällen führen. Von dieser Regel gibt es allerdings einige Ausnahmen. So dürfen aus allen Waffen des Kalibers .357 Magnum alle Patronen des Kalibers .38 Special und aus allen Waffen des Kalibers .44 Magnum alle Patronen des Kalibers .44 Special verschossen werden – nicht jedoch umgekehrt! Wer bezüglich solcher Ausnahmen nicht absolut sicher ist, sollte sich stets genauestens nach den Angaben auf der Waffe richten.

Was versteht man unter Kaliber?

Den Innendurchmesser des Laufes bzw. den Durchmesser des Einzelgeschosses. Bei gezogenen Läufen unterscheidet man noch Feldkaliber (Durchmesser zwischen den Feldern) und Zugkaliber (Durchmesser zwischen den Zügen).

Wie werden die Büchsenkaliber bezeichnet?

Auf dem europäischen Kontinent werden Büchsenkaliber durch zwei Zahlen gekennzeichnet, von denen die erste das Geschoßkaliber, die zweite die Hülsenlänge angibt. Beispielsweise bedeutet 8 × 57, daß diese Patrone einen Geschoßdurchmesser von 8 mm und eine Hülsenlänge von 57 mm besitzt. Da es nun manchmal sehr ähnliche Patronen gibt, die jedoch nicht aus der selben Waffe verschossen werden dürfen, erfolgt zu diesen Zahlen manchmal noch ein Zusatz in Form großer Buchstaben. So gibt es z. B. 8 × 57 I, 8 × 57 IR, 8 × 57 IS und 8 × 57 IRS. In England und Amerika werden die Büchsenkaliber in hundertstel bzw. tausendstel Zoll angegeben, oftmals sehr stark abgerundet. Beispiele: Kaliber .30 oder .300. Da es auch hier oftmals sehr ähnliche Patronen gibt, die jedoch nicht aus der selben Waffe verschossen werden dürfen, folgt manchmal noch eine zweite Zahlenangabe und/oder ein Name, beispielsweise .30/30 Winchester, .30/06 Springfield, .300 Winchester Magnum, .300 Weatherby Magnum.

Wie werden Faustfeuerwaffenkaliber gekennzeichnet?

Ähnlich wie Büchsenkaliber werden Faustfeuerwaffenkaliber auf dem europäischen Kontinent mit dem Geschoßkaliber in mm gekennzeichnet; jedoch wird die Hülsenlänge meistens nicht angegeben. Zur Unterscheidung ähnlicher Patronen erfolgt oftmals ein besonderer Zusatz. Beispiele: 7,65 mm Browning und 7,65 mm Parabellum (7,65 mm Para), 9 mm Browning (auch 9 mm kurz genannt), 9 mm Parabellum (9 mm Para). In jüngster Zeit wird gelegentlich auch für Faustfeuerwaffenpatronen (wie bei den Büchsenpatronen) die Hülsenlänge angegeben. So wird in der Bundesrepublik Deutschland behördenintern die alte Patrone 9 mm Para heute als Patrone 9 × 19 bezeichnet. In England und Amerika erfolgt die Bezeichnung wie bei den Büchsenkalibern in hundertstel bzw. tausendstel Zoll, wobei oftmals noch ein Zusatz erfolgt, um ähnliche Patronen unterscheiden zu können. Beispiele: .38 Short Colt, .38 Long Colt, .38 S & W, .38 S & W Special, .357 Magnum.

Was bedeuten die anglo-amerikanischen Kaliberangaben in mm?

1 Zoll = 1 inch = 25,4 mm. Da die englischen und amerikanischen Kaliberangaben oft sehr ungenau oder abgerundet erfolgen, sind sie in der nachstehenden Übersicht in Gruppen zusammengefaßt und daneben das ungefähre mm-Maß angegeben. Wer die ganz genauen Abmessungen spezieller englischer oder amerikanischer Kaliber wissen will, kann sie in entsprechenden Spezialtabellen nachlesen.

Anglo-amerikanische Bezeichnung	maximaler Geschoß-durchmesser in mm
.17	4,4
.218, .219, .22, .220–.225	5,6– 5,8
.240, .243, .244	6,1– 6,2
.25, .250, .256, .257	6,3– 6,6
.264	6,7
.270, .275, .280, .284	7,0– 7,3
.30, .300, .308, .32, .320	7,6– 8,0
.35, .350–.378, .38, .380	9,0– 9,5
.400–.416	10,2–10,7
.44, .444	10,8–11,0
.45, .450, .455, .460	11,5–11,6
.470, .475	12,0–12,3
.500, .505	11,9–12,9
.600	15,7

Wie werden die Flintenkaliber bezeichnet?

Neuerdings werden einige amerikanische Flintenkaliber in tausendstel Zoll angegeben, z. B. das Kaliber .410. Ansonsten ist es auf der ganzen Welt üblich, die Flintenkaliber mit der Zahl der aus einem englischen Pfund Blei (453,6 g) zu gießenden Rundkugeln zu bezeichnen. Die heute für Jagd- und Sportzwecke üblichen Flintenkaliber sind 12, 16 und 20. Sie sind also so groß, daß in dem jeweiligen Kaliber 12, 16 oder 20 Rundkugeln aus einem englischen Pfund Blei gegossen werden können. Dadurch ist Kaliber 12 das größte und Kaliber 20 das kleinste dieser drei Kaliber. Ursprünglich hatten die Patronen aller drei Kaliber eine Hülsenlänge von 65 mm. Zwecks Erhöhung der Wirkung hat man inzwischen teilweise die Hülsen verlängert, damit sie mehr Pulver und Schrot fassen können. Diese längeren Patronen dürfen jedoch nur aus solchen Waffen verschossen werden, die speziell dafür vorgesehen sind und am Lauf eine entsprechende Bezeichnung tragen, z. B. 12/70. Aus dieser Waffe dürfen Patronen des Kalibers 12 mit 70 mm langer Hülse verschossen werden.

Kaliberbezeichnung	Kaliber in mm
4	23,4
8	20,8
10	19,3
12	18,2
16	16,8
20	15,7
24	14,7
28	13,8
32	12,7
36 (.410)	10,2

Wie wird das Kaliber von Leucht- und Signalpistolen bezeichnet?

Im Prinzip wie bei Flinten, also nach der Zahl der aus einem englischen Pfund Blei zu gießenden Rundkugeln. Das verbreitetste Kaliber für diese Signalpistolen ist das Kaliber 4 (etwa 26,5 mm, etwas anders gemessen als bei Flinten).

Was bedeutet bei der Kaliberangabe der Zusatz »magnum«?

Der Zusatz »magnum« zur Kaliberangabe wird leider sehr unterschiedlich verwendet:

1. Zur Kennzeichnung von Patronen üblichen Kalibers, die jedoch einen erhöhten Gebrauchsgasdruck haben, insbesondere bei Schrotpatronen. Beispiel: Schrotpatronen Kaliber 12/70 Magnum lassen sich aus allen Schrotläufen des Kalibers 12/70 verschießen, bedeuten jedoch aus Läufen, die nicht dem verstärkten Beschuß für die Magnum-Patronen unterlegen haben, eine Gefahr. Nach der 1. WaffV müssen sie deshalb mit dem Zusatz »magnum« deutlich gekennzeichnet sein und dürfen nur aus Waffen des Kalibers 12/70 verschossen werden, die dem verstärkten Beschuß unterzogen worden sind.
2. Zur Unterscheidung relativ starker von schwächeren Patronen gleicher zahlenmäßiger Kaliberangabe, wobei jedoch die stärkere Patrone nicht aus einer Waffe für die schwächere Patrone verschossen werden kann. Beispiele: Die Patrone .22 Winchester Magnum ist wesentlich stärker als die Patrone .22 l. r.; beide Patronen können jedoch nicht aus einer für die andere Patrone konstruierten Waffe verschossen werden. Die Revolverpatrone .44 Magnum ist wesentlich stärker als die Revolverpatrone .44 Special, sie kann aber nicht in einen Revolver .44 Special geladen werden, wohl aber umgekehrt.
3. Als Kennzeichnung besonders leistungsfähiger Patronen, auch wenn es in diesem Kaliber keine »Nicht-Magnum-Patronen« gibt. Beispiel: Die Büchsenpatrone .300 Weatherby Magnum. Eine Patrone .300 Weatherby ohne den Zusatz Magnum gibt es nicht.

Insbesondere in den Fällen 2. und 3. hat der Zusatz »magnum« also lediglich den Charakter eines Bestandteils des jeweiligen Munitionsnamens, ähnlich wie beispielsweise die Zusätze »Parabellum«, »Browning«, »Remington« usw., nur daß der Zusatz »magnum« gleichzeitig auf eine hohe Leistung dieser Patrone hinweisen soll. Er soll also auch eine gewisse Werbewirkung haben.

Warum genügt nicht allein die Angabe des Lauf- oder Geschoßkalibers?

1. Weil die Kaliberangaben oftmals nur ungefähre sind und es dadurch unter gleicher Kaliberangabe Munition unterschiedlicher Geschoßdurchmesser geben kann.
2. Weil selbst bei genau gleichem Lauf- und Geschoßkaliber die Abmessungen der Patronenhülse und damit auch die erforderlichen Abmessungen des Patronenlagers sehr unterschiedlich sein können. In dem Fall passen meistens die einen Patronen nicht in das andere Patronenlager. Lassen sich nicht genau passende Patronen doch laden, so können durch ihre Verwendung erhebliche Gefahren für Waffe, Schützen und in der Nähe befindliche Personen entstehen.
3. Selbst bei nur feinen Unterschieden in Lauf-, Lager-, Geschoß- oder Hülsenabmessungen und/oder Unterschieden in Art und Menge der Treibladung können Gasdrücke entstehen, für welche die betreffende Waffe nicht vorgesehen ist, so daß es zu einer Waffensprengung kommen kann.

Aus den genannten Gründen ist bei der Auswahl von Munition für eine bestimmte Waffe nicht nur auf die eigentliche Kaliberangabe sondern gleichermaßen auf alle Zusätze zu achten!

Sind die Kalibermaße gesetzlich festgelegt?

In der Bundesrepublik Deutschland sind für alle gängigen Kaliber die genauen Lauf-, Lager-, Geschoß- und Hülsenabmessungen sowie der jeweils höchstzulässige Gebrauchsgasdruck gesetzlich festgelegt, und zwar in der Anlage III zur 3. WaffV. Dort können von Interessenten die genauen Maße nachgelesen werden. In anderen Staaten gelten ähnliche Bestimmungen.

Wie ist eine Patrone aufgebaut?

Eine Patrone besteht aus Hülse, Zündhütchen (bzw. Zündmittel im Zündrand), Pulverladung und Geschoß. Schrotpatronen enthalten anstelle des Einzelgeschosses die von der Pulverladung durch einen Pfropfen getrennte Schrotladung, Leucht- bzw. Signalpatronen als Geschoß den Leuchtsatz (u. U. mit Fallschirm) sowie einen Verzögerungssatz, der bewirkt, daß der Leuchtsatz erst mit sicherem Abstand von der Laufmündung gezündet wird.

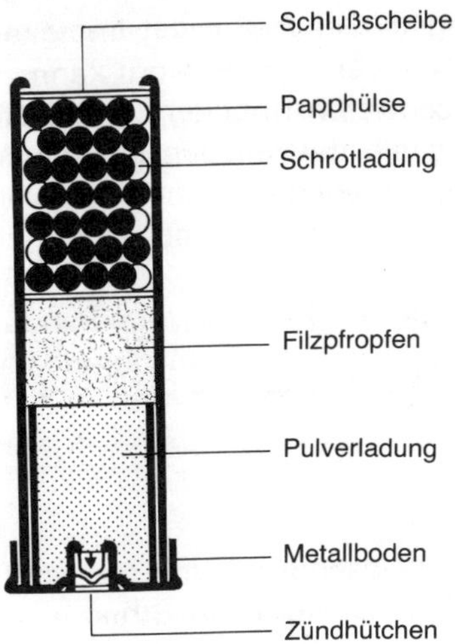

Schrotpatrone

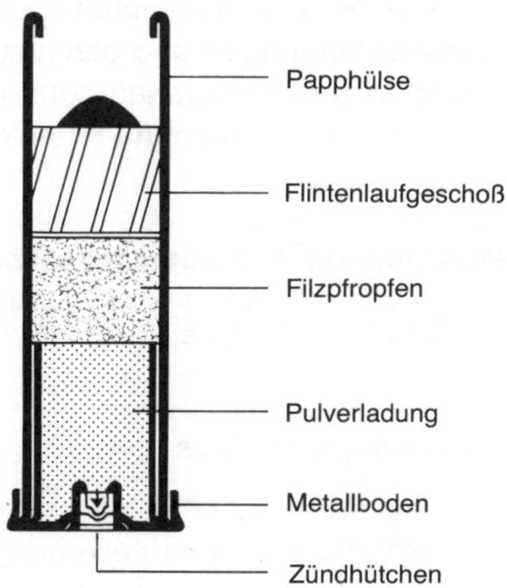

Patrone mit Flintenlaufgeschoß

Welche Pulverarten gibt es?

Grundsätzlich gibt es zwei Arten von Schießpulver, und zwar das sogenannte Schwarzpulver – benannt nach Berthold Schwarz, der als Erfinder des Schießpulvers gilt – und das Nitrozellulose-Pulver, auch als rauchloses oder rauchschwaches Pulver bekannt. Das Schwarzpulver findet heute fast nur noch für Leucht- und Signalpatronen sowie für Vorderladewaffen Verwendung. Ansonsten sind alle modernen Patronen mit Nitrozellulose-Pulver geladen. Hiervon gibt es jedoch zahlreiche Varianten für unterschiedliche Verwendungszwecke, beispielsweise für Schrotpatronen, für Büchsenpatronen, für Pistolenpatronen, für Patronen mit unterschiedlichen Geschossen, für höhere oder geringere Geschoßgeschwindigkeiten usw. Falsche Verwendung von Nitrozellulose-Pulvern kann zu Waffensprengungen und damit zu schweren Unfällen führen. Ein Selbstladen von Patronen setzt deshalb die notwendigen Fachkenntnisse und ein sorgfältiges Arbeiten voraus.

Was versteht man unter Treibladung?

Dieses ist nur ein anderer Name für die Pulverladung der Patrone.

Ist Schießpulver Sprengstoff?

Die modernen Schießpulver (Nitrozellulosepulver) und die heutigen Sprengstoffe sind sowohl in ihrer chemischen Struktur als auch in ihrer Reaktionsweise außerordentlich unterschiedlich und lassen sich nicht für den jeweils anderen Zweck verwenden. Im rechtlichen Sinne gilt allerdings Schießpulver, das nicht in Patronen verladen ist, als Sprengstoff, was insbesondere für Wiederlader von Patronenhülsen von Bedeutung ist.

Können Zündsatz und Treibladung identisch sein?

Ja – einige schwache Patronen enthalten kein Pulver; bei ihnen wird das kleine Geschoß lediglich vom Zündsatz angetrieben.

Welche Zündarten gibt es?

1. Zentralfeuerzündung bei den sog. Zentralfeuerpatronen. Hier befindet sich in der Mitte des Patronenbodens ein Zündhütchen mit dem Zündsatz.
2. Randfeuerzündung bei den sog. Randfeuerpatronen. Hier ist der Hülsenrand mit Zündmasse gefüllt und hat die gleichen Funktionen wie das Zündhütchen bei den Zentralfeuerpatronen.

Zur Zündung der Patrone muß der Schlagbolzen der Waffe das Zündhütchen bzw. den Zündrand treffen. Der Schlagbolzen ist deshalb so angeordnet, daß er bei Waffen für Zentralfeuerpatronen die Mitte, bei Waffen für Randfeuerpatronen den Rand des Patronenbodens trifft.

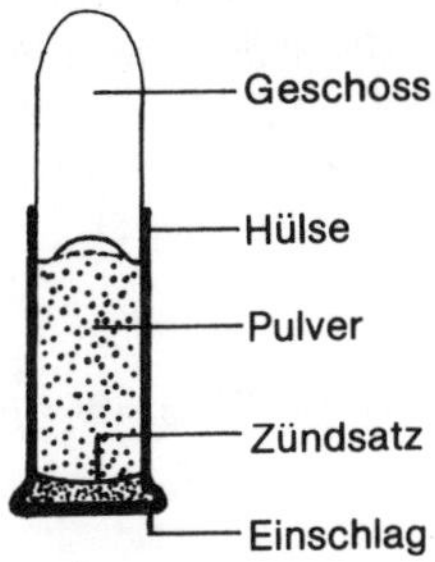

Randfeuer-Patrone

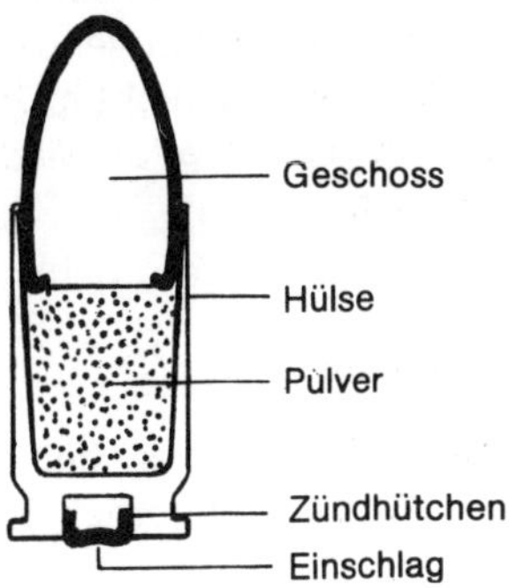

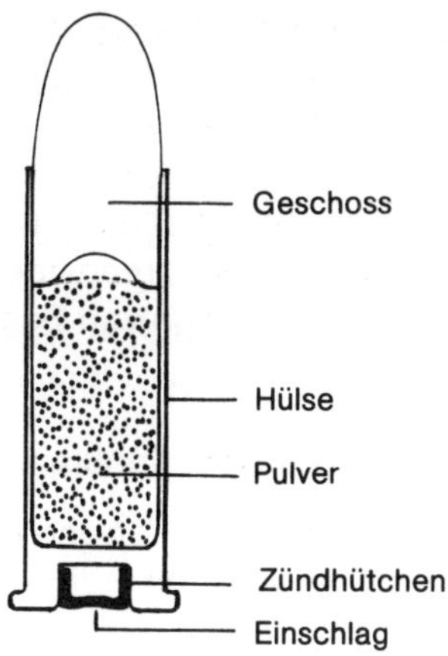

Zentralfeuer-Patrone ohne Rand

Zentralfeuer-Patrone mit Rand

Aus welchem Material bestehen Schrotkörner?

Schrotkörner (Schrotkugeln) bestehen überwiegend aus Blei, das jedoch mit anderen Metallen legiert ist, da reines Blei für diesen Zweck zu weich ist. Ausnahmen s. S. 72.

Welchen Durchmesser haben Schrotkörner?

Alle Schrotkörner einer Patrone haben den gleichen Durchmesser. Zu verschiedenen Zwecken werden jedoch Schrotpatronen mit unterschiedlichen Schrotstärken angeboten. Schrote von 2 – 2½ mm Stärke werden zum sportlichen Wurftaubenschießen und zur Jagd auf kleines Flugwild (Rebhühner, Schnepfen, Wildtauben usw.) sowie zur Kaninchenjagd verwendet. Schrote von 3 – 4 mm Stärke dienen für unterschiedliche jagdliche Zwecke. Noch stärkere Schrote sind in Mitteleuropa nicht üblich.

Was sind Schrotnummern?

Die Schrotgrößen (Durchmesser der einzelnen Schrotkörner) werden z. T. heute noch traditionsgemäß nach Nummern bezeichnet. Bei der deutschen Numerierung beträgt der Größenunterschied von Nummer zu Nummer jeweils ¼ mm. Es bedeutet Nr. 1 = 4 mm, Nr. 3 = 3½ mm, Nr. 5 = 3 mm, Nr. 7 = 2½ mm, Nr. 9 = 2 mm. Die vorstehenden Schrotgrößen sind zugleich die in Mitteleuropa für Jagd- und Sportzwecke üblichen. In anderen Ländern gelten z. T. andere Schrotnummern!

Wie viele Schrotkörner enthält eine Schrotpatrone?

Das ist sehr stark abhängig vom Kaliber, von der Hülsenlänge und von der Schrotstärke, also vom Durchmesser der einzelnen Schrotkörner. Kleinere Unterschiede lassen sich auch noch von Patronenmarke zu Patronenmarke feststellen. In den drei bei uns für jagdliche und sportliche Zwecke üblichen Schrotkalibern 12, 16 und 20 und den hierfür bei uns üblichen Schrotstärken enthält eine Patrone zwischen etwa 70 und 750 Schrotkörner. Die beim Wurftaubensport allgemein üblichen Schrotpatronen im Kaliber 12/70 mit Schrotstärken von 2 – 2½ mm enthalten zwischen 390 und 750 Schrotkörner.

Was sind Posten?

Posten (Rehposten, Sauposten, in den USA als Buckshot bekannt) sind sehr grobe Schrote mit einem Durchmesser von 6 bis 10 mm und einer entsprechend geringen Zahl von Posten (etwa zwischen 10 und 20) je Patrone. Ursprünglich für die Schalenwildjagd entwickelt, sind sie hierfür in Deutschland und manchen anderen Ländern wegen ihrer unzuverlässigen Wirkung verboten. In den USA werden sie vielfach für polizeiliche Zwecke eingesetzt und haben sich dafür in mehrfacher Hinsicht außerordentlich bewährt.

Gibt es auch bleifreies Schrot?

Die Angaben auf den beiden vorigen Seiten gelten für Schrot, das im wesentlichen aus Blei besteht und lediglich geringe Mengen anderer Metalle enthält. In den letzten Jahren sind zunehmend Bedenken gegen die Verwendung von Bleischrot geäußert worden, und zwar aus Gründen des Tierschutzes, der Wildbrethygiene und des Umweltschutzes. Man hat deshalb begonnen, das Bleischrot durch »Stahlschrot« (genauer: Weicheisenschrot) zu ersetzen. Da Eisen sich jedoch sowohl im spezifischen Gewicht als auch in der Härte erheblich von Blei unterscheidet, treten hier beträchtliche technische Probleme auf, die zum Teil auch sicherheitsrelevant sind. An ihrer Lösung wird im In- und Ausland intensiv gearbeitet, doch dürfte es noch Jahre dauern, bis Patronen mit Eisenschrot eine allgemeine Praxisreife erreicht haben.

Können Stahlschrote aus jedem Schrotlauf verschossen werden?

Nein! Vor einer eventuellen Umstellung von Bleischrot auf Stahlschrot sollte sich jeder Waffenbesitzer von einem Büchsenmacher oder Waffenhändler gründlich beraten lassen, um Beschädigungen der Waffe oder gar Unfälle zu vermeiden!

Welche Arten von Einzelgeschossen gibt es?

Die ursprünglichen Rundkugeln finden heute nur noch selten Verwendung. An ihre Stelle sind bei allen modernen, leistungsfähigen Patronen Langgeschosse getreten.

Für Büchsen und Faustfeuerwaffen finden im wesentlichen folgende Arten von Einzelgeschossen Verwendung:

1. Bleigeschosse, die allerdings im Blei Zusätze anderer Metalle enthalten, da reines Blei zu weich ist und sehr starke Laufverschmierungen verursachen würde. Solche Bleigeschosse finden heute in erster Linie für Kleinkaliberpatronen (.22 l. r.) sowie für Revolverpatronen Verwendung und können unterschiedliche Formen haben (Rundkopfgeschosse, Flachkopfgeschosse, Hohlspitzgeschosse).
2. Vollmantelgeschosse (Ganzmantelgeschosse), bei denen ein Bleikern von einem Mantel aus Kupfer, Tombak, Flußeisen o. ä. umgeben ist und die eine unterschiedliche Geschoßform (Spitzgeschoß, Rundkopfgeschoß, Flachkopfgeschoß) haben können. Solche Vollmantelgeschosse finden in erster Linie für militärische und ähnliche Zwecke Verwendung sowie überall dort, wo man einen besonders hohen Durchschlag erzielen will.
3. Teilmantelgeschosse, bei denen der Mantel den vordersten Geschoßteil nicht mit umfaßt. Auch hier gibt es unterschiedliche Formen: Spitzgeschosse, Rund- und Flachkopfgeschosse, Geschosse mit offener oder verdeckter Hohlspitze usw.
4. Spezialgeschosse der unterschiedlichsten Konstruktion und Wirkungsweise. Solche Sezialgeschosse werden in allererster Linie für Jagdbüchsenpatronen verwendet, andere Konstruktionen auch für verschiedene Faustfeuerwaffenpatronen.

Für Flintenläufe gibt es als Einzelgeschosse die sogenannten Flintenlaufgeschosse unterschiedlicher Konstruktion.

Beispiele für Einzelgeschosse

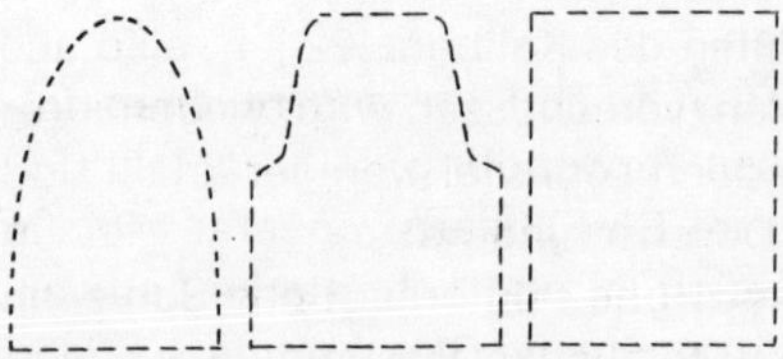

1. Bleigeschosse:

Links: Rundkopfgeschoß
Mitte: Semiwadcuttergeschoß
Rechts: Wadcuttergeschoß

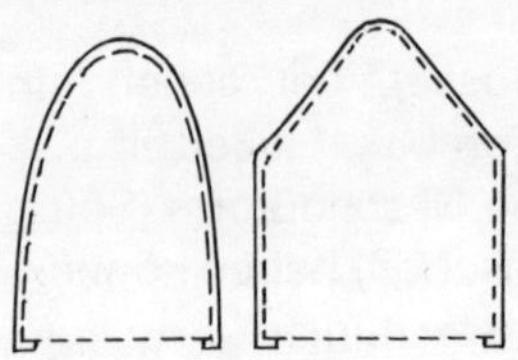

2. Vollmantelgeschosse:

Links: Rundkopfgeschoß
Rechts: Spitzgeschoß

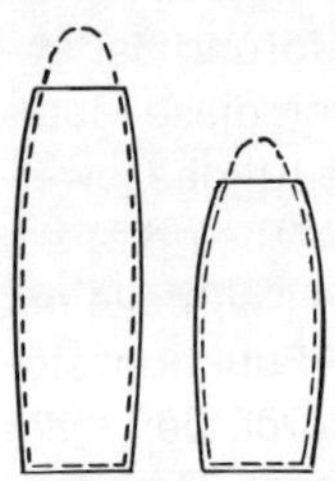

3. Teilmantelgeschosse

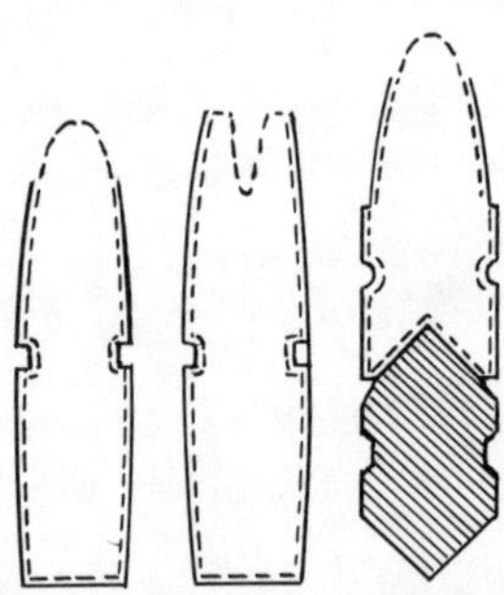

4. Spezialgeschosse:

Links: H-Mantelgeschoß mit Bleispitze
Mitte: H-Mantelgeschoß mit offener Hohlspitze
Rechts: Brenneke-Torpedo-Universalgeschoß (TUG)

Was versteht man unter »Zimmerpatronen«?

1. Die 4-mm-Übungspatronen, die vor allem aus den sog. Zimmerstutzen sowie aus Einsteckläufen verschossen werden.
2. Die Patrone .22 Z, die aus Waffen des Kalibers .22 l. r., also aus den üblichen Kleinkaliberwaffen, verschossen wird, wegen ihrer extrem schwachen Ladung jedoch sehr viel weniger knallt und einen wesentlich geringeren Durchschlag hat.

Trotz der Bezeichnung »Zimmerpatrone« unterliegt das Schießen mit ihnen den diesbezüglichen gesetzlichen Bestimmungen, was unbedingt beachtet werden muß.

Was ist Plastik-Trainings-Munition?

Von mehreren in- und ausländischen Herstellern werden zu Übungszwecken in verschiedenen Gewehr- und Faustfeuerwaffenkalibern Patronen (auch Geschosse für Wiederlader) angeboten, die statt des üblichen Geschosses ein solches aus Plastik enthalten. Die Vorteile liegen in erheblich geringerer Maximalreichweite und ebenfalls deutlich vermindertem Durchschlag, so daß etwas geringere Sicherheitsvorkehrungen genügen. Da aufgrund der gesetzlichen Bestimmungen in Deutschland jedoch auch diese Munition nur auf Schießständen benutzt werden darf, die für das jeweilige Kaliber zugelassen sind, kommen hier diese Vorteile nicht zur Geltung. Andererseits bringt diese Munition gewisse Nachteile mit sich, so oftmals verminderte Schußpräzision sowie Funktionsstörungen bei Selbstladewaffen. Hierdurch wie auch durch den stark verminderten Rückstoß ist der Trainingswert begrenzt. Derartige Munition hat deshalb in Deutschland keine größere Verbreitung erfahren.

Was sind Exerzierpatronen?

Patronenattrappen, die zwar deutlich als solche kenntlich sind, ansonsten aber äußerlich die gleiche Form und die gleichen Abmessungen haben wie scharfe Patronen. Sie sind dazu da, mit ihnen das Laden usw. zu lernen.

Was sind Pufferpatronen?

Da bei den meisten Waffentypen ein leeres Abschlagen des Hahns bzw. Schlagbolzens zu Schäden an der Waffe führen kann, soll man für ein sog. Trockentraining, also für Abziehübungen ohne scharfen Schuß, einen Puffer in die Waffe einführen, der – ähnlich wie eine richtige Patrone – den Schlagbolzen auffängt. Um diese Aufgabe voll zu erfüllen, muß der Puffer an seiner Rückseite sehr weitgehend die Maße und Formen der richtigen Patrone haben. Man spricht deshalb von Pufferpatronen. Für diesen Zweck sind zwar auch die Exerzierpatronen geeignet. Eine Pufferpatrone braucht aber nicht die vollständige Patronenform zu besitzen. Sehr bewährt haben sich z. B. für Revolver Plastikeinsätze, die zwar hinten die genauen Formen der Patronenhülse haben, jedoch nur etwa 1 bis 1,5 cm lang und damit nicht mit einer richtigen Patrone zu verwechseln sind. Falls man keine Exerzier- oder Pufferpatronen besitzt, kann man zum Trockentraining auch leere Patronenhülsen benutzen.

Wie lange kann Munition gelagert werden?

Bei sachgemäßer Lagerung ist die heutige Munition sehr lange haltbar. Sofern auf der Verpackung ein Verfallsdatum angegeben ist, sollte man dieses beachten. Ansonsten behalten gute Markenpatronen mindestens 10 Jahre, oftmals aber auch sehr viel länger, ihre volle Gebrauchsfähigkeit.

Was ist beim Wiederladen von Patronenhülsen besonders zu beachten?

Vor allem ist darauf zu achten, daß der Gasdruck der Patrone nicht den für die jeweilige Waffe zugelassenen Wert übersteigt, da sonst beträchtliche Unfallgefahren entstehen. Am besten richtet man sich beim Wiederladen nach den Ladetabellen, wie sie von den bekannten Pulverherstellern herausgegeben werden. Außerdem ist auf eine sorgfältige Herstellung zu achten, da auch Fehler in der Kalibrierung oder im Setzen des Geschosses zu Gasdruckerhöhungen führen können.

Welche Pulver sind zum Wiederladen von Patronenhülsen zu verwenden?

Alle Patronen für zeitgemäße Büchsen, Flinten und Faustfeuerwaffen werden heute mit Nitrozellulosepulver geladen. Hiervon gibt es jedoch für verschiedene Zwecke zahlreiche Sorten mit unterschiedlichen Eigenschaften. Vor dem Einkauf von Schießpulver (Treibladungspulver) muß man sich deshalb informieren, welche Pulversorte für den beabsichtigten Zweck die günstigste ist. Sodann sollte man sich zu dieser Pulversorte eine vom Pulverhersteller herausgegebene Ladetabelle beschaffen, nach der man sich streng richtet. Fehler in der Auswahl oder Verwendung von Schießpulver können zu Waffenbeschädigungen oder gar zu schweren Unfällen führen! Außerdem sind selbstverständlich alle diesbezüglichen rechtlichen Vorschriften zu beachten!

4. Verteidigungswaffen

Welche Verteidigungswaffen gibt es?

Nach dem Verwendungszweck kann man drei Gruppen von Verteidigungswaffen unterscheiden:

1. Waffen für die persönliche Verteidigung ihres Trägers. Hier ist in erster Linie an alle diejenigen Personen zu denken, die aus irgend einem Grund persönlich besonders gefährdet sind: prominente Politiker oder Wirtschaftsführer, Richter, Staatsanwälte und Polizeibeamte, die von Amts wegen mit Vorgängen aus den Bereichen Terrorismus oder organisierte Kriminalität befaßt sind, Personen, die ernstzunehmende Morddrohungen erhalten haben, die häufig sehr wertvolle Waren mit sich führen (z. B. Juweliere) oder die ansonsten weit mehr als der durchschnittliche Bürger durch kriminelle Handlungen gefährdet sind.
2. Waffen für zivile (nicht der Polizei oder anderen Sicherheitsbehörden angehörende) Leibwächter, die bei besonders gefährdeten Persönlichkeiten einen Personenschutz ausüben, sowie Waffen für das Begleitpersonal von besonders wertvollen oder sonstwie gefährdeten Transporten (sehr hohe Geldbeträge, besonders wertvolle Kunstgegenstände, radioaktives Material, Waffen und Munition und ähnliches).
3. Waffen für das Bewachungspersonal von besonders schutzbedürftigen ortsfesten Objekten, etwa militärischen Anlagen, gewerblichen Munitions- und Sprengstoffdepots, Kernkraftwerken u. s. w.

Welche Schußwaffen kommen für die persönliche Verteidigung in Frage?

Mehrschüssige Faustfeuerwaffen, also Revolver und Selbstladepistolen. Viele Waffenscheininhaber neigen dazu, sich aus Gründen der Bequemlichkeit und Unauffälligkeit eine möglichst kleine und leichte Faustfeuerwaffe zuzulegen. Es ist aber zu bedenken, daß eine Verteidigungswaffe, wenn sie im Ernstfall ihren Zweck erfüllen soll, eine genügende Aufhaltekraft entwickeln muß (näheres hierüber in dem Kapitel »Geschoßwirkungen«). Man sollte deshalb nicht nur auf Gewicht und Größe der Waffe, sondern vor allem auf ihre Eigenschaften als Schußwaffe, d. h. auf ihre Zuverlässigkeit in Funktion und Wirkung u. ä. achten. Besonders empfehlenswert sind leichte bis mittelschwere Double-Action-Revolver im Kaliber .38 Special mit einer Lauflänge von 2 bis 3 Zoll. Bei Selbstladepistolen sollte das Mindestkaliber 9 mm Parabellum betragen. Wer nähere Anleitungen für die richtige Wahl einer für seine Zwecke sinnvollen Faustfeuerwaffe sowie für den gesamten Umgang mit ihr haben möchte, sei auf das ebenfalls im BLV-Verlag erschienene Buch »Pistole und Revolver« verwiesen.

Auf dem Weltmarkt gibt es mehrere hundert Modelle und Ausführungen von Verteidigungswaffen. Hier nur zwei Beispiele: oben ein Smith & Wesson-Revolver, Modell 19 mit 2½"-Lauf, Kaliber .357 Magnum, unten Heckler & Koch-Selbstladepistole, Modell P 9 S, Kaliber 9 mm Parabellum

In welchem Zustand wird eine Waffe zur persönlichen Verteidigung getragen?

Eine Verteidigungswaffe, die von einem hierzu Berechtigten geführt wird, soll auch bei einem plötzlichen Überfall möglichst schnell einsatzbereit sein. Trotzdem darf ihr Zustand weder für ihren Träger noch für andere Personen eine Gefahr darstellen. Ihr Zustand muß deshalb stets so sein, daß eine unbeabsichtigte Schußauslösung nach menschlichem Ermessen ausgeschlossen ist, daß aber andererseits in dem dadurch gesteckten Rahmen die Waffe so schnell wie möglich feuerbereit gemacht werden kann. Welcher Zustand diese beiden Forderungen erfüllt, ergibt sich im einzelnen aus der jeweiligen Waffenkonstruktion. Bei modernen und hochwertigen Markenerzeugnissen kann man grob von folgenden Regeln ausgehen:

1. Revolver (double action) werden mit vollständig geladener Trommel und entspanntem Hahn getragen.
2. Selbstladepistolen mit Spannabzug werden mit gefülltem Magazin und einer Patrone im Patronenlager bei entspanntem Schloßwerk und entsichert getragen.
3. Selbstladepistolen mit außenliegendem Hahn oder anderweitig von außen zu spannendem Schloßwerk, jedoch ohne Spannabzug, können wie unter 2. oder unter 4. beschrieben getragen werden.
4. Selbstladepistolen anderer Konstruktion werden zweckmäßigerweise mit gefülltem Magazin aber ohne Patrone im Patronenlager getragen. Sie können im Bedarfsfall schnell durchgeladen werden.

Bei dem heutigen Stand der Waffentechnik sind vor allem die unter Punkt 1. und 2. genannten Waffen zu empfehlen.

Wie wird eine Verteidigungswaffe getragen?

Das Tragen einer Pistole oder eines Revolvers in der Hosen-, Jakken- oder Manteltasche ist in verschiedener Hinsicht unzweckmäßig. Erst recht sollte man eine Verteidigungswaffe nicht in der Aktentasche o. ä. führen. Am zweckmäßigsten ist das Tragen der Faustfeuerwaffe in einem guten Holster, das folgende Anforderungen erfüllen muß:

1. Sowohl das Holster am Körper als auch die Waffe im Holster müssen so sicher verwahrt sein, daß die Waffe weder verloren gehen noch leicht und unbemerkt entwendet werden kann.
2. Die Waffe soll vor Nässe und Verschmutzung geschützt sein.
3. Alle scharfkantigen Teile der Waffe müssen so verdeckt sein, daß sie nicht die Kleidung beschädigen können.
4. Die Waffe soll in dem Holster bequem und unauffällig getragen werden können.
5. Die Waffe muß gut erreichbar und schnell zu ziehen sein.

Waffenscheininhaber können einschlägige Anregungen dem für sie auch ansonsten wichtigen, ebenfalls im BLV-Verlag erschienenen Buch »Pistole und Revolver« entnehmen.

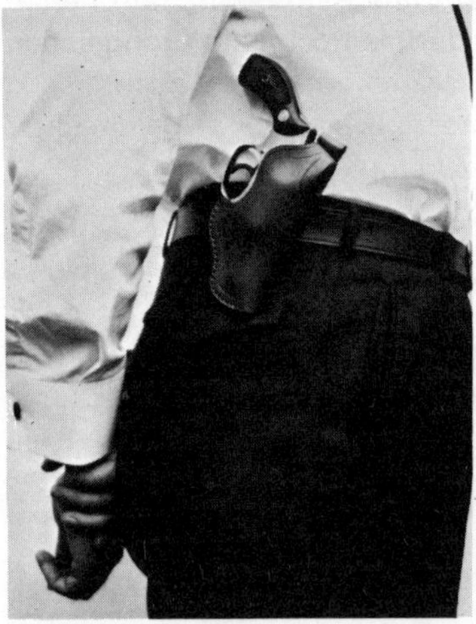

Zweckmäßige Gürtelholster für Revolver (links) und Selbstladepistole (rechts)

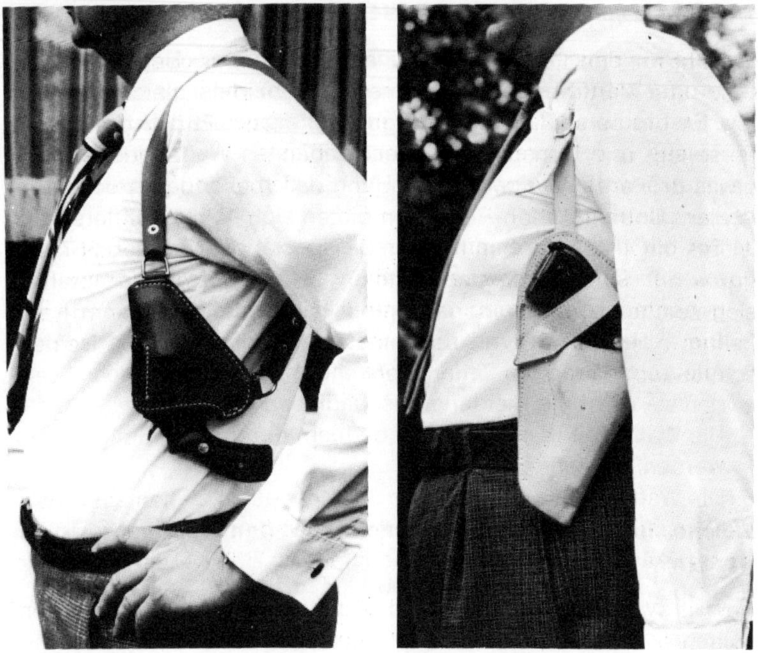

Unterschiedliche Schulterholster

Sind Reizstoffwaffen für die Selbstverteidigung zu empfehlen?

Gewisse Reizstoffwaffen (Tränengaswaffen) können nach dem jetzigen Waffengesetz frei erworben und geführt werden (näheres hierzu siehe in dem Abschnitt »Waffenrecht« dieses Buches). Hiervon sollte man jedoch nur dann Gebrauch machen, wenn ein Waffenschein mangels Bedürfnisses nicht erteilt worden ist. Denn einerseits wirken Reizstoffwaffen nur auf kürzeste Entfernung (gute Reizstoffwaffen bis etwa 2 m) und sind demzufolge gegenüber einem bewaffneten Gegner nutzlos, andererseits beeinträchtigen sie (bei Gegenwind oder im geschlossenen Raum) den Verteidiger u. U. mehr als den Angreifer.

Welche Waffen kommen für den Begleitschutz in Frage?

Sowohl für den Personenschutz als auch für die Begleitung von Geld- und Werttransporten kommen im Prinzip die gleichen Waffen wie für die persönliche Verteidigung in Frage. Für professionelle Personen- und Transportbegleiter können die Waffen jedoch gern etwas größer und schwerer sein. Von den (besonders zu empfehlenden) Double-Action-Revolvern bieten sich solche mittleren Gewichts mit 4-Zoll-Lauf im Kaliber .38 Special oder besser .357 Magnum an. Sollen Selbstladepistolen geführt werden, empfehlen sich solche moderner Konstruktion in den Kalibern 9 mm Parabellum oder .45 ACP. In Ausnahmefällen können für den Begleitschutz auch Flinten (s. unten) verwendet werden.

Welche Munition sollte in Verteidigungswaffen verwendet werden?

Soweit Waffenkonstruktion und Munitionsangebot es erlauben, sollten in Verteidigungswaffen (unter Beachtung eventueller gesetzlicher Beschränkungen) solche Munitionsarten Verwendung finden, die einerseits zwecks effektiver Abwehr eine möglichst hohe Aufhaltekraft, andererseits zwecks möglichst geringer Gefährdung Unbeteiligter nur einen vergleichsweise geringen Durchschlag und eine relativ geringe Ablenkungsgefahr bieten. Nähere Ausführungen hierzu finden sich in dem Kapitel »Geschoßwirkungen«.

Wie werden Faustfeuerwaffen vom Begleitpersonal getragen?

Sollen Personenschützer unauffällig bleiben, werden von ihnen Faustfeuerwaffen genauso getragen, wie es für die Waffen zur persönlichen Verteidigung beschrieben worden ist. Gelegentlich ist es aber zwecks Abschreckung erwünscht, daß bewaffnetes Begleitpersonal (vor allem bei Geld- und Werttransporten) deutlich als solches in Erscheinung tritt. Es wird dann zu einer Uniform eine große Waffe deutlich sichtbar in einem unverdeckten Holster tragen.

Welche Waffen kommen für den Objektschutz in Frage?

Für die Bewachung ortsfester Anlagen, den sogenannten Objektschutz, kommen sehr unterschiedliche Waffen in Frage, deren konkrete Auswahl sich vor allem nach dem jeweiligen Einsatzzweck und den Einsatzbedingungen zu richten hat. Für Torwachen (eventuell mit Ausweiskontrolle), für die Aufsicht in Schalterhallen und Bürogebäuden sowie für viele andere Aufgaben wird eine gleiche oder ähnliche Bewaffnung sinnvoll sein wie für die Begleitung von Geld- und Werttransporten. Für die Bewachung weitläufiger Außenanlagen werden dagegen oftmals Gewehre angebrachter sein. Reichen für den beabsichtigten Zweck geringe oder mittlere Schußentfernungen, so empfehlen sich mehrschüssige Flinten (s. unten). Muß auch mit großen Schußentfernungen gerechnet werden, kommen insbesondere Selbstlade- oder Repetierbüchsen mit Zielfernrohr in Betracht.

Welche Flinten kommen für Verteidigungszwecke in Frage?

Flinten (Schrotgewehre) können für manche Verteidigungszwecke sehr empfehlenswert sein, insbesondere dann, wenn sie nicht in der Öffentlichkeit mitgeführt werden sollen, also etwa zur häuslichen Selbstverteidigung, zur Bewachung eines weitläufigen Freigeländes u. s. w. Gegenüber Faustfeuerwaffen bieten sie mancherlei Vorteile: größere Treffsicherheit auf mittlere Entfernungen, sehr gute Aufhaltekraft, geringen Durchschlag und relativ geringe Maximalreichweite, so daß die Gefährdung unbeteiligter Personen deutlich kleiner ist als bei Verwendung von Einzelgeschossen. Bekannt und bewährt für derartige Aufgaben sind Vorderschaftrepetierer (pump guns), wie sie vor allem in den USA weit verbreitet sind. In mancher Hinsicht noch zweckmäßiger sind kurzläufige Hahndoppelflinten, wie sie in den USA ebenfalls als Polizeiwaffen benutzt werden. Sie haben gegenüber Repetierflinten den Vorteil, daß die Munition – je nach Verwendungszweck – leicht und schnell ausgewechselt werden kann. Als Einsatzmunition bieten sich Patronen mit Plastikschrot für Warnschüsse (auch gegenüber gewalttätigen Zusammenrottungen von Menschen) an, mit Gummischrot zum Einsatz in Gebäuden, mit normalem Blei- oder Stahlschrot sowie mit Posten für die Bekämpfung bewaffneter Gegner, eventuell auch mit unterschiedlichen Einzelgeschossen. Schließlich kann aus Flinten spezielle Signalmunition verschossen werden.

Über welche Fertigkeiten sollte ein ziviler Waffenträger verfügen?

Eine Verteidigungswaffe kann nur dann etwas nützen, wenn ihr Träger den Umgang mit ihr in jeder Hinsicht vollkommen beherrscht. Anderenfalls ist die Waffe kein Schutz sondern geradezu eine Gefahr für ihren Träger und andere Personen. Wer zum Führen einer Schußwaffe berechtigt ist, hat deshalb auch die Pflicht, sich mit der Waffe und ihrer gesamten Handhabung einschließlich des Schießens so vertraut zu machen, daß er einerseits sich selbst und andere nicht gefährdet und daß er andererseits in der Lage ist, die Waffe sinnvoll einzusetzen. Dazu gehören ebenso die absolut sichere Bedienung der Waffe wie ihr schnelles Ziehen und Schußfertigmachen sowie ein schnelles und ausreichend treffsicheres Schießen. Nach einer entsprechenden Ausbildung sind diese Fertigkeiten regelmäßig zu trainieren. Das Ziehen, Schußfertigmachen, in Anschlag gehen, Zielen und Abziehen sollte sooft wie möglich, am besten täglich, zu Hause mit ungeladener Waffe geübt werden. Von Zeit zu Zeit muß aber auch ein scharfes Schießen auf dem Schießstand als Leistungskontrolle erfolgen. Ausführliche Anleitungen für Ausbildung und Training mit Faustfeuerwaffen sind in dem bereits mehrfach genannten Buch »Pistole und Revolver« enthalten.

5. Signalwaffen

Welchen Zwecken dienen die sog. Signal- oder Leuchtpistolen?

Ausschließlich dem Setzen von Signalen oder der Beleuchtung eines größeren Umkreises, z. B. in Seenotfällen.

Welches sind die günstigsten Signalpistolen?

Die großkalibrigen Signal- und Leuchtpistolen im Kaliber 4 (26,5 mm). Insbesondere alle seegehenden Schiffe sollten derartige Waffen an Bord haben. Nur für kleine Sportboote, die ausschließlich auf Binnengewässern oder in unmittelbarer Küstennähe fahren, können weniger leistungsfähige Signalwaffen in Frage kommen.

Signalpistole Kaliber 4

Haben Signalpistolen eine Sicherung?

Die meisten Signalpistolen des Kaliber 4 besitzen keine Sicherung. Sie benötigen auch keine Sicherung, weil sie in aller Regel erst unmittelbar vor der Schußabgabe geladen werden und deshalb nicht gesichert zu werden brauchen. Andererseits könnte die (unnötige) Sicherung im Notfall (z. B. Seenotfall) die Abgabe des Notsignals gefährlich verzögern.

Welche Munition benutzt man zu Leuchtzwecken?

Am besten weiße Leuchtkugeln, eventuell mit Fallschirm, um die Leuchtwirkung zu verlängern.

Welche Munition benutzt man für Notsignale?

Rote Leuchtkugeln mit oder ohne Fallschirm.

Woran kann man die Farbe der Leuchtmunition erkennen?

Die Farbe der Leuchtkugeln läßt sich an der gleichen Farbe des vorderen Patronenverschlusses erkennen. Da die roten Leuchtkugeln in Notfällen eine oftmals lebensrettende Bedeutung haben, ist an manchen Leuchtpatronen des Kalibers 4 außerdem noch eine Markierung angebracht, mit deren Hilfe man im Dunkeln den Unterschied zwischen roten und andersfarbigen Leuchtpatronen erfühlen kann: die roten Leuchtpatronen haben einen ringsum gezahnten Patronenboden, die andersfarbigen Leuchtpatronen einen nur etwa zur Hälfte gezahnten bzw. glattrandigen Patronenboden. Dieses Merkmal ist leider nicht bei allen Leuchtpatronen-Fabrikaten vorhanden. Man sollte zweckmäßigerweise beim Kauf darauf achten, deutlich gekennzeichnete Munition zu erwerben.

Fühlmarken an Signalpatronen

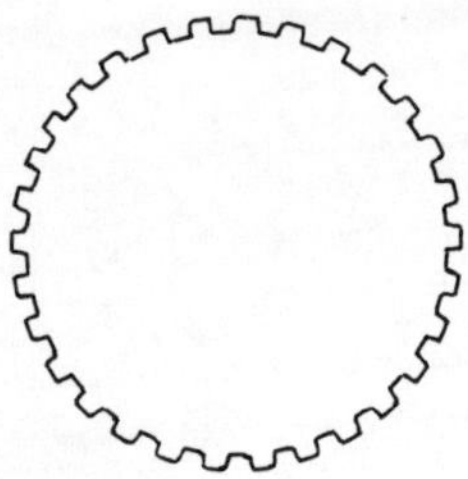

Rot:
Voll gezahnter Patronenboden

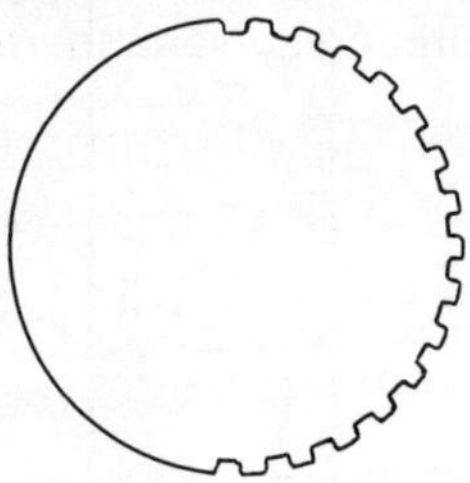

Weiß:
Halb gezahnter Patronenboden

Wie sind die Signalpatronen aufgebaut?

Im Prinzip genauso wie jede andere Patrone, d. h. Hülse mit Zündhütchen, Treibladung und Geschoß. Die Treibladung besteht bei ihnen jedoch nicht (wie bei anderen modernen Patronen) aus Nitrozellulosepulver sondern aus Schwarzpulver, und das Geschoß besteht bei ihnen aus mehreren Teilen unterschiedlicher Funktion. Wichtigster Teil des Geschosses ist der Leuchtsatz (Magnesium mit unterschiedlichen Zusätzen). Wichtig ist auch der darunter befindliche Verzögerungssatz, der bewirkt, daß der Leuchtsatz nicht bereits in der Waffe sondern erst in genügendem Abstand zu brennen anfängt. Bei Fallschirmpatronen kommen außerdem der Fallschirm und eine Ausstoßladung hinzu.

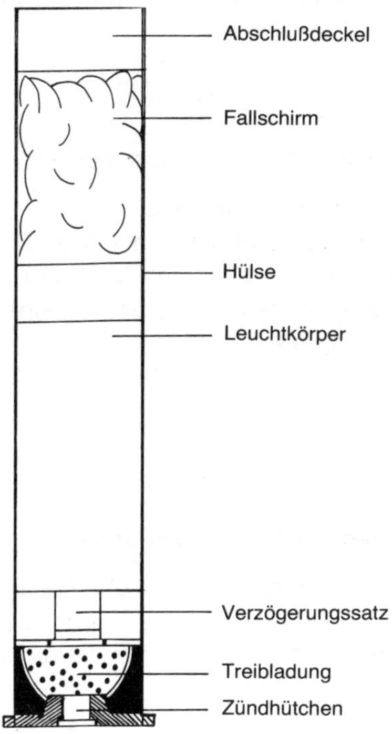

Schnittbild einer Signalpatrone mit Fallschirm

Welche Steighöhe erreicht ein aus Leuchtpistolen verschossenes Signal und wie lange brennt es?

Steighöhe und Brenndauer können je nach Munitionsfabrikat mehr oder minder stark variieren. Als Anhalt für die Besitzer von Signalpistolen des Kalibers 4 seien die wichtigsten mittleren Werte genannt. Die am meisten verbreiteten Leuchtpatronen dieses Kalibers erreichen bei einem Schuß senkrecht nach oben eine Steighöhe von etwa 70 – 120 m bei einer Brenndauer von 4 – 8 Sekunden. Bei den sogenannten Fallschirmpatronen, bei denen ein Fallschirm den Leuchtsatz länger in der Luft hält, ist die Steighöhe gleich oder etwas größer, die Brenndauer etwa 12 – 20 Sekunden. Bei Speziallaborierungen mit einem in der Luft zündenden Zusatzantrieb können Steighöhen bis etwa 300 m erreicht werden. Die Brenndauer beträgt bei derartigen Fallschirmpatronen etwa 30 Sekunden.

Worauf muß die Signalmunition überprüft werden?

Um im Notfall auch wirklich einsatzfähig zu sein, muß die Signalmunition von Zeit zu Zeit überprüft werden, und zwar geschlossene Originalverpackungen auf ihre Unversehrtheit und ihr Verfallsdatum, bei angebrochenen Packungen jede einzelne Patrone auf Oxydation und Beschädigung.

Wie beseitigt man überlagerte Signalmunition?

Am besten, indem man beim Nachkauf die überlagerte Munition an den Waffenhändler zurückgibt, notfalls kann man sie auch bei der Polizei abliefern. Dagegen ist jede Form von Vernichtung bedenklich oder gar strafbar!

Lassen sich Signalpistolen für die Notwehr verwenden?

In allerhöchster Lebensgefahr und bei Fehlen anderer geeigneter Abwehrmittel wird der Besitzer einer Signalpistole sicherlich diese als Notwehrwaffe einsetzen. Prinzipiell ist dagegen im rechtlichen Sinne auch nichts einzuwenden. Man sollte sich jedoch stets über die aus einer solchen Verwendung entstehenden Gefahren im klaren sein. Zunächst ist es wegen der bei diesen Waffen fehlenden Visierung und aus anderen Gründen außerordentlich schwer, mit einer Signalpistole ein bestimmtes Ziel zu treffen. Schon auf 10 m Entfernung ist das Treffen eines etwa menschengroßen Zieles mit einer solchen Waffe weitgehend Glückssache. Weiterhin werden die Leuchtgeschosse durch Hindernisse sehr leicht aus ihrer Flugbahn abgelenkt. Nach mehrfacher Ablenkung können sie zum Schützen zurückkommen und diesen selber gefährden. Insbesondere in geschlossenen Räumen fliegen sie unter Umständen bis zum Erlöschen, also mehrere Sekunden, in völlig unvorhersehbaren Bahnen hin und her. Dabei gefährden sie nicht nur den Schützen und andere Personen sondern können durch ihre sehr hohen Verbrennungstemperaturen auch leicht ein Feuer verursachen. Leuchtsignalpatronen sollten deshalb stets nur in den freien Luftraum geschossen werden. Alle anderen Verwendungen – auch wenn sie berechtigt sind – bergen sehr große Risiken in sich!

6. Schießsport und Schießstandbetrieb

Ist Schießen Sport?

Selbstverständlich ist keineswegs jedes private Schießen als Sport zu bezeichnen. Das wettkampfmäßige Schießen nach den verbindlichen Regeln der nationalen und internationalen Fachverbände ist jedoch ohne Zweifel ein echter Leistungssport und wird in allen zivilisierten Ländern als solcher betrieben. In der Bundesrepublik sind offizielle Titelwettkämpfe vor allem die Vereins-, Kreis-, Bezirks-, Landesverbands- und Deutschen Meisterschaften. An Europa- und Weltmeisterschaften sowie an den Schießwettbewerben der Olympischen Spiele nehmen Mitglieder der vom Deutschen Schützenbund zusammengestellten und betreuten Nationalmannschaft teil. Außer Titeln, Medaillen und Ehrenpreisen können im Sportschießen die Leistungsabzeichen des Deutschen Schützenbundes in sechs Stufen sowie das Deutsche Schießsportabzeichen in drei Stufen errungen werden. Für Spitzenleistungen wird das Meisterschützenabzeichen des Deutschen Schützenbundes verliehen.

Was gilt als regulärer Schießsport?

Als regulärer Schießsport im engeren Sinne gelten alle Schießsportübungen, die nach den Reglements des Deutschen Schützenbundes, einiger anderer, teils kleinerer, teils mit dem Schießen nur neben ihren anders gelagerten Hauptaufgaben befaßten Fachverbänden oder der Internationalen Schützenunion absolviert werden. Außerdem müssen diejenigen Übungen hinzugerechnet werden, die zwar in keinem dieser Reglements stehen, die aber traditionell und nach strengen sportlichen Maßstäben von den Unterorganisationen des Deutschen Schützenbundes auf regionaler Ebene durchgeführt und in denen auch offizielle Wettkämpfe bestritten werden, z. B. die weit verbreitete Kleinkalibergewehr-Disziplin »Standauflage«. Im weiteren Sinne müssen zum regulären Schießsport jedoch auch diejenigen Schießsportübungen hinzugerechnet werden, die Bestandteil anderer Sportarten sind, also z. B. das Gewehrschießen beim Biathlon oder das Pistolenschießen beim Modernen Fünfkampf. Bei inoffiziellen internationalen Wettkämpfen werden außerdem gelegentlich Übungen geschossen, die lediglich im nationalen Programm eines dieser Länder, nicht aber im Reglement der Internationalen Schützenunion stehen. Solche andersartigen Schießsportübungen kennt man z. B. in den USA. Deutsche Schützen, die gelegentlich an Wettkämpfen in den USA oder gegen USA-Schützen nach deren Reglement teilnehmen, werden deshalb auch zu Hause diese Übungen trainieren müssen. Im übrigen sind Art und Zahl der von den nationalen und internationalen Schießsportverbänden offiziell anerkannten Disziplinen ständigen Wandlungen unterworfen. Neue Disziplinen kommen hinzu, andere werden gestrichen, wieder andere werden mehr oder minder stark verändert.

Wo ist das offizielle Reglement des Deutschen Schützenbundes niedergelegt?

In der Sportordnung des Deutschen Schützenbundes, einem Ringbuch mit mehr als 300 Seiten, das u. a. über den Waffenhandel bezogen werden kann. Diese Sportordnung wird von der Sportkommission des Deutschen Schützenbundes regelmäßig überarbeitet und in mehrjährigem Abstand in Neuauflage herausgegeben. In ihr sind alle vom Deutschen Schützenbund anerkannten Schießsportdisziplinen aufgeführt und ihre Durchführung bis in alle Einzelheiten hinein geregelt.

Gleichen sich nationales und internationales Reglement?

Der Deutsche Schützenbund ist stets bemüht, die Vorschriften seiner Sportordnung den entsprechenden internationalen Bestimmungen anzupassen. Im wesentlichen stimmt dadurch die Sportordnung des Deutschen Schützenbundes mit den internationalen Regelungen überein. Geringfügige Abweichungen sind allerdings nicht immer zu vermeiden, zumal auch auf internationaler Ebene in Feinheiten Unterschiede bestehen, beispielsweise zwischen Weltmeisterschaften und Olympischen Spielen.

Welche Disziplinen enthält die Sportordnung des Deutschen Schützenbundes?

Nach der Ausgabe von 1984:

Luftgewehr
Luftgewehr – Dreistellungskampf
Zimmerstutzen
Kleinkaliber – Standardgewehr 50 m
Großkaliber – Standardgewehr 300 m
Freie Waffe – Kleinkaliber 50 m
Freie Waffe – Großkaliber 300 m
Kleinkaliber Liegendkampf (English Match) 50 m
Großkaliber Liegendkampf 300 m
Schießen auf 100 m (Kleinkalibergewehr)
Luftpistole
Freie Pistole
Olympische Schnellfeuerpistole
Sportpistole – Kleinkaliber
Sportpistole – Großkaliber
Standardpistole
Trap
Skeet
Laufende Scheibe 10 m (Luftgewehr)
Laufende Scheibe 50 m (Olympisches Programm)
Armbrust 10 m
Armbrust 30 m (Internationale Bedingung)
Bogenschießen FITA-Hallenbedingung
Bogenschießen FITA-Runde im Freien
Feldbogenschießen
Perkussionsgewehr
Perkussionsdienstgewehr
Steinschloßgewehr
Perkussionsrevolver
Perkusionspistole
Steinschloßpistole
Wurftaubenschießen mit Vorderladerflinte

Was sind Sportwaffen?

Als echte Sportwaffen können nur solche Waffen gelten, die einerseits nach den verbindlich nationalen oder internationalen Schießsport-Reglements zugelassen und die andererseits im regulären Schießsport üblich sind. Bedauerlicher- und irreführenderweise werden im Handel immer wieder Waffen als »Sportwaffen« angepriesen, die entweder nach den verbindlichen Schießsportreglements zum regulären Schießsport überhaupt nicht zugelassen oder die aufgrund ihrer Konstruktion hierfür wenig oder gar nicht geeignet und deshalb nicht üblich sind. Zur Erläuterung zwei Beispiele:

1. Die Benutzung von Kleinkaliber-Selbstladegewehren ist auf den Schießständen des Deutschen Schützenbundes und seiner Unterorganisationen verboten. Damit sind diese Waffen zum regulären Schießsport – zumindest in der Bundesrepublik Deutschland – nicht zugelassen und können demzufolge hier auch nicht als Sportwaffen bezeichnet werden.
2. Die weit verbreiteten Gebrauchs-Selbstladepistolen im Kaliber 7,65 mm Browning sind nach der Sportordnung des Deutschen Schützenbundes für die Disziplin »Sportpistole« zwar z. T. zulässig. Da sie jedoch für Sportzwecke höchst ungeeignet sind, ist ihre Verwendung im Schießsport nicht üblich. Sie können demzufolge auch nicht als Sportwaffen bezeichnet werden.

Sportpistole Modell Walther GSP

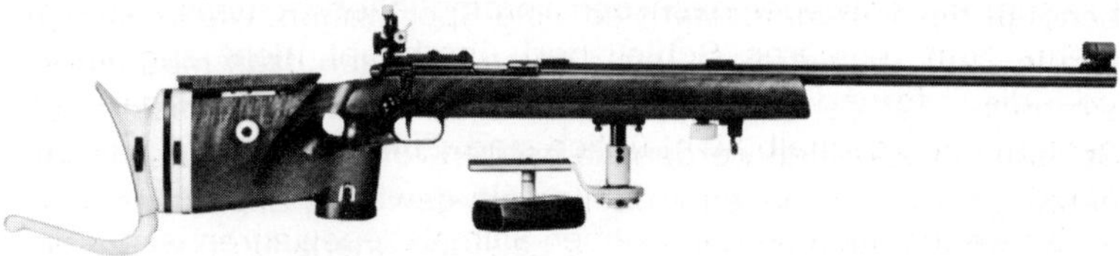

Zwei Beispiele aus der Vielzahl hochspezialisierter Sportgewehre: Oben Super-Matchbüchse der Fa. Anschütz, unten Spezialbüchse der Fa. Walther für die Sportdisziplin »Laufende Scheibe«

Wie viele Waffen benötigt ein Sportschütze?

Die Anforderungen der einzelnen Schießsportdisziplinen an die Waffen sind außerordentlich unterschiedlich. Die in- und ausländische Waffenindustrie hat deshalb für alle Schießsportdisziplinen Spezialwaffen entwickelt, die den Anforderungen der jeweiligen Disziplin in besonderem Maße gerecht werden. Ein Sportschütze benötigt deshalb mindestens so viele Sportwaffen, wie er Schießsportdisziplinen betreibt. Dem aktiven Sportschützen muß jedoch ein noch über den absolut notwendigen Bedarf hinausgehender Spielraum zugebilligt werden, da bei den von der Industrie ständig herausgebrachten neuen Modellen ein gewisses Experimentieren für eine optimale Ausrüstung und Leistung unerläßlich ist. Schießsportfunktionäre, die sich als Sportwarte, Schießmeister o. ä. mit der einschlägigen Beratung der Vereins- oder Verbandsmitglieder hinsichtlich der Anschaffung einer zweckmäßigen Sportwaffe zu befassen haben, sollten zu den notwendigen Vergleichs- und Beratungszwecken über eine noch größere Anzahl von Sportwaffen verfügen.

Wann benötigt ein Sportschütze eigene Waffen?

Die erste Anfängerausbildung im sportlichen Schießen erfolgt zweckmäßigerweise mit einer auf dem Schießstand ausgeliehenen Waffe eines Sportkameraden oder mit einer Leihwaffe des Vereins unter Anleitung und Aufsicht durch einen erfahrenen Sportschützen. Erst nach Überwindung des ersten Anfängerstadiums und nach Erreichung gewisser Mindestleistungen – etwa mit Erfüllung der Bedingungen für das bronzene Leistungsabzeichen des Deutschen Schützenbundes – ist der angehende Sportschütze in der Lage, einigermaßen sicher zu entscheiden, welche der vielen in Frage kommenden Sportwaffen für ihn die günstigste ist. Schon im eigenen Interesse, nämlich um einen Fehlkauf zu vermeiden, sollte sich der Anfänger also erst gewisse Kenntnisse und Erfahrungen aneignen. Der Gesetzgeber hat hierfür einen Erfahrungssatz von einer sechsmonatigen aktiven Schießsporttätigkeit angenommen. Wer dann später nur gelegentlich anläßlich besonderer Vereinsveranstaltungen einmal schießen will, mag sich vielleicht weiterhin mit einer von Fall zu Fall auf dem Schießstand entliehenen Waffe begnügen. Wer dagegen das Schießen als einen ernsthaften Leistungssport betreiben will, muß sich nach Ablauf der ersten Anfängerzeit eine eigene, gegebenenfalls mehrere eigene Waffen zulegen. Dies ist deshalb dringend erforderlich, weil nur eine eigene Waffe in einem für den Leistungssport erforderlichen Maße in Schäftung, Visierung, Abzug usw. den individuellen Eigenschaften und Schießgewohnheiten des Schützen angepaßt werden kann. Zur Erreichung von Leistungen, die dem heutigen Leistungsniveau des Schießsports entsprechen, ist ein intensives Training mit der eigenen Waffe notwendig. Dieses intensive Training hat nicht nur in Form der eigentlichen Schießübungen zu erfolgen, sondern zusätzlich durch ein möglichst tägliches sogenanntes Trockentraining zu Hause. Auch zu diesem Zweck sind eigene Waffen zwingend erforderlich.

Wieviel Munition benötigt ein aktiver Sportschütze?

Das ist individuell außerordentlich unterschiedlich und hängt insbesondere auch davon ab, welche Disziplinen dieser Schütze betreibt. Ganz grob kann man davon ausgehen, daß ein Schütze, der aktiv den Schießleistungssport betreibt, einen Jahresverbrauch zwischen 5000 und 15 000 Schuß Munition hat, doch gibt es einzelne Schützen, die einen noch höheren Verbrauch haben.

Dürfen Mehr- und Selbstladegewehre auf Schießständen benutzt werden?

Welche Waffen auf einem Schießstand benutzt werden dürfen, ist einerseits von der behördlichen Genehmigung in der Standzulassung, andererseits von der jeweils gültigen Standordnung des Eigentümers abhängig. Auf Sportschießständen dürfen Selbstladebüchsen meist überhaupt nicht, Repetierbüchsen meist nur als Einzellader benutzt werden.

Welche Patronen- und Geschoßarten dürfen auf Schießständen benutzt werden?

Hierfür gibt es keine allgemeingültigen Vorschriften. In der behördlichen Zulassung eines Schießstandes muß stets angegeben werden, für welche Munition dieser Stand zugelassen ist. Stärkere Munition darf nicht benutzt werden. Andererseits hat der Eigentümer das Recht, noch weitere Einschränkungen anzuordnen, etwa um einen unnötig hohen Verschleiß an der Scheibenmechanik usw. zu verhindern. Jeder Schütze muß sich vor Beginn des Schießens überzeugen, mit welcher Munition auf diesem Stand geschossen werden darf, und er hat sich unbedingt danach zu richten.

Welche besonderen Sicherheitsvorkehrungen sind auf Schießständen zu beachten?

Auf behördlich zugelassenen Schießständen sind im allgemeinen besondere Standordnungen gültig, die vom Schießstandeigentümer und/oder einem Dachverband (z. B. Deutscher Jagdschutzverband, Deutscher Schützenbund) erlassen worden sind. Diese Standordnungen sind für alle Benutzer des jeweiligen Schießstandes verbindlich und streng zu befolgen. Die wichtigsten Sicherheitsbestimmungen sind folgende:

1. Allen Anordnungen der Standaufsicht ist unbedingt Folge zu leisten.
2. Gewehrriemen sind abzunehmen.
3. Alle Schußwaffen dürfen nur im Schützenstand und mit in Richtung Scheiben gehaltener Mündung geladen werden, dies auch erst dann, wenn sich keine Personen mehr vor dem Schützenstand befinden und die Standaufsicht die Erlaubnis zum Laden gegeben hat. Bei Beendigung oder Unterbrechung des Schießens, auch bei auftretenden Waffenstörungen, ist die Waffe mit nach vorn gerichteter Mündung zu entladen.
4. Auch ungeladene Waffen dürfen nur im Schützenstand und mit nach vorn gerichteter Mündung in Anschlag gebracht werden. Alles sonstige Hantieren mit Waffen ist zu unterlassen.
5. Geladene Waffen dürfen nicht aus der Hand gelegt werden.
6. Außerhalb des Schützenstandes dürfen Kipplaufwaffen nur mit abgekippten Läufen, andere Waffen nur mit geöffnetem Verschluß und mit nach oben gerichteter Mündung getragen werden. Gewehre sind mit offenem Verschluß in den hierfür vorgesehenen Gewehrständern abzustellen, Faustfeuerwaffen entweder mit geöffnetem Verschluß bzw. ausgeklappter Trommel, Selbstladepistolen zusätzlich mit ganz herausgezogenem Magazin abzulegen oder besser in ein hierfür vorgesehenes Behältnis zu verpacken.
7. Fremde Waffen dürfen ohne die ausdrückliche Genehmigung ihres Besitzers nur von der Standaufsicht beziehungsweise Schießleitung berührt werden.

7. Waffenpflege und Waffenstörungen

Wann und warum müssen Waffen gereinigt werden?

Feuerwaffen müssen mindestens nach jedem Schießen – auch wenn nur ein einziger Schuß abgegeben worden ist – gereinigt werden, da die Verbrennungsrückstände von Zündsatz und Pulver u. U. die Innenteile der Waffe angreifen. Dadurch kann die Waffe beträchtlich beschädigt, im Extremfall sogar betriebsunsicher werden. Weiter sollte die Waffe gereinigt werden, wenn sie naß geworden oder stark verschmutzt ist. Auch bei längerem Nichtgebrauch sollte die Waffe von Zeit zu Zeit gereinigt werden, etwa jedes Vierteljahr.

Welche Geräte und Materialien verwendet man für die Waffenpflege?

Für die gesamte Waffenpflege, insbesondere für die Innenreinigung von Lauf und Patronenlager, sollte man stets nur speziell hierfür vorgesehene Gerätschaften, Waffenöle, Reinigungs-, Pflege- und Konservierungsmittel verwenden, wie man sie im Waffenhandel erwerben kann. Insbesondere hinsichtlich aller Chemikalien ist eine sorgfältige Auswahl und bestimmungsgemäße Anwendung zu empfehlen. Dabei ist auch zu unterscheiden zwischen Mitteln für die innere und für die äußere Anwendung, zwischen Pflegemitteln für die Metallteile und für die Holzteile usw. Für die Laufinnenreinigung ist das früher allgemein übliche Waffenwerg mehr und mehr durch spezielle Reinigungspolster abgelöst worden, die zwar teurer sind, sich z. T. aber ganz hervorragend bewährt haben. Bei der Außenpflege benutzt man am besten alte Baumwoll- oder Leinenlappen.

Welche Waffenteile müssen gereinigt werden?

In erster Linie Lauf und Patronenlager. Darüber hinaus alle Innenteile, auf denen sich der sogenannte Schmauch niedergeschlagen hat. Nach der Reinigung werden alle Innenteile mit einem Waffenöl leicht eingeölt und die Waffe wird äußerlich mit einem nur etwas öligen Lappen abgewischt. Im einzelnen ist das Reinigen der Waffe einschließlich des dafür notwendigen Zerlegens meist in der mitgelieferten Betriebsanleitung beschrieben. Anderenfalls lasse man es sich von seinem Waffenhändler erklären und vorführen.

Wie entfernt man feste Rückstände aus dem Lauf?

Während sich Schmauch und krümelige Rückstände im allgemeinen mit einem leicht eingeölten Reinigungspolster ohne Schwierigkeiten aus dem Lauf entfernen lassen, ist dieses bei gewissen festen Verbrennungsrückständen sowie bei Blei- und anderen Metallverschmierungen oftmals nicht möglich. Zu ihrer Entfernung gibt es eine Reihe spezieller chemischer Lösungsmittel. Jeder Waffenhändler wird hier gern beraten und das für den jeweiligen Zweck geeignete Mittel empfehlen. Wenig empfehlenswert ist die Verwendung von Drahtbürsten, wie sie leider bei einigen staatlichen Behörden immer noch in Verwendung sind. Bei ihrer unsachgemäßen Anwendung können die Waffen beträchtlich leiden. Insbesondere kann eine sogenannte Vorweite entstehen, die zu einer erheblichen Verminderung der Schußpräzision führt. Auf gar keinen Fall sollten stark festgebrannte Rückstände, im Lauf steckengebliebene Geschosse oder Geschoßteile o. ä. mit Gewalt entfernt werden, da dies zu gefährlichen Laufbeschädigungen führen kann. Zwecks Entfernung derartiger Hindernisse sollte man die Waffe einem Büchsenmacher übergeben. Mit gleicher Sorgfalt wie Läufe sind die Patronenlager zu behandeln.

Wie stark sollen Läufe und Patronenlager eingeölt werden?

Soll die Waffe in nächster Zeit nicht benutzt werden und das Einölen demzufolge der Konservierung dienen, können Lauf und Patronenlager mit einem guten Waffenöl dick eingeölt werden. Soll die Waffe dagegen in Kürze wieder benutzt werden, versieht man Lauf und Patronenlager zweckmäßigerweise nur mit einem ganz dünnen Ölfilm, indem man Lauf und Lager nach Reinigung und Trocknung mit einem nur ganz schwach öligen Polster durchzieht.

Müssen Läufe vor dem Schießen entölt werden?

Ist ein Lauf zwecks Konservierung über längere Zeit sehr dick eingeölt gewesen und das Öl vielleicht sogar steif geworden, so muß es vor erneuter Benutzung der Waffe mit einem trockenen Reinigungspolster herausgezogen werden, da anderenfalls die Gefahr einer Laufaufbauchung besteht. War der Lauf dagegen nur mit einem dünnen Ölfilm versehen, kann völlig gefahrlos geschossen werden. Die Waffe braucht deshalb vor dem Schießen nicht trokkengewischt zu werden. Allerdings kann auch ein dünner Ölfilm unter Umständen zu geringen Schußabweichungen führen. Diese sind jedoch in aller Regel so gering, daß sie nur für ein ausgesprochenes Präzisionsschießen von Bedeutung sind, etwa für sportliche Wettkämpfe oder für den jagdlichen Büchsenschuß auf große Entfernung. Vor sportlichen Wettkämpfen sind deshalb im allgemeinen Probeschüsse oder ein sogenannter Ölschuß gestattet. Jagdbüchsen, insbesondere solche für kleinkalibrige Hochgeschwindigkeitspatronen, sollte man vor Beginn der Jagd mit einem trockenen Reinigungspolster durchziehen und dadurch das Öl weitgehend entfernen.

Was ist bei der Aufbewahrung von Waffen und Munition zu beachten?

Außer den in einem späteren Abschnitt dieses Buches behandelten gesetzlichen Vorschriften ist zu beachten, daß die Waffen und Munition kühl und trocken gelagert werden. Weiter sollen die Waffen entladen, innen und außen mit einem guten, nicht verharzenden Waffenöl leicht eingeölt und zwecks Schonung der Schlagfeder entspannt sein. Von einer Aufbewahrung der Waffen in einem ledernen Futteral muß abgeraten werden, da die im Leder enthaltene restliche Gerbsäure die Brünierung angreifen kann. Auch sollten Waffen niemals in einem Wäscheschrank versteckt werden, da Wäsche meist eine relativ hohe Feuchtigkeit aufweist. Am zweckmäßigsten ist ein spezieller Waffenschrank, der in einem trockenen Raum steht. Hinsichtlich der Munition ist zu bedenken, daß im Falle eines Feuers nicht verdämmte Munition fast völlig gefahrlos verbrennt, daß aber beispielsweise in einen Tresor eingesperrte Munition im Falle der Entzündung den Tresor zur Sprengbombe werden läßt und damit Löschmannschaften in Lebensgefahr bringen kann.

Was versteht man unter »Doppeln«?

Das unbeabsichtigte Losgehen eines zweiten Schusses bei mehrläufigen oder Selbstladewaffen. Hierbei handelt es sich um einen Waffenfehler, der umgehend durch einen Fachmann behoben werden sollte.

Was ist bei Versagern zu tun?

Versager haben sehr oft darin ihre Ursache, daß das Zündhütchen bzw. der Zündrand nicht genügend angeschlagen worden ist. Oftmals zündet eine Versagerpatrone beim zweiten oder dritten Anschlag des Hahns bzw. Schlagbolzens. Man kann deshalb – sofern den Umständen und der Waffenkonstruktion nach möglich – nach einem Versager die Waffe erneut spannen und abziehen. Führt dies nicht zum Erfolg, soll man – falls in der gegebenen Situation möglich – bei Signal- und Leuchtpatronen sowie bei anderen Schwarzpulverpatronen etwa 1 Minute, bei anderen Patronen mindestens 10 Sekunden abwarten, da es gelegentlich – wenn auch sehr selten – vorkommt, daß eine Patrone verspätet zündet (sog. Nachbrenner). Nach dieser Frist kann bedenkenlos entladen oder auch durchgeladen und weitergeschossen werden. Läßt die Situation ein so langes Warten nicht zu, kann man zum Beispiel bei Signalpistolen die Versagerpatrone – ohne sie anzufassen – aus der Waffe herausgleiten und herunterfallen lassen, auf See zweckmäßigerweise direkt ins Wasser. Selbstladepistolen kann man im Notfall sofort per Hand durchladen, bei Revolvern die in der nächsten Kammer befindliche Patrone zünden. Treten häufiger Versager auf, sollte man durch einen Fachmann prüfen lassen, ob vielleicht ein Fehler an der Waffe vorliegt oder worin sonst die Ursachen zu suchen und wie sie zu beseitigen sind.

Was versteht man unter einem »schlappen« Schuß?

Gelegentlich kommt es – meist bei überlagerter Munition – vor, daß Schußknall und Rückstoß deutlich geringer sind als sonst üblich. Ein solcher »schlapper« Schuß kann verschiedene Gründe haben. In jedem Fall ist jedoch die Leistung der Patrone wesentlich vermindert. Im allgemeinen ergibt sich dadurch ein mehr oder minder großer Tiefschuß. Ausnahmsweise fällt das Geschoß wenige Meter vor dem Schützen zu Boden oder bleibt gar im Lauf stecken. Deshalb sollte man nach einem schlappen Schuß durch den Lauf hindurchsehen, um nicht mit einem zweiten Schuß auf das steckengebliebene Geschoß zu schießen und damit eventuell eine Waffensprengung auszulösen.

Wer soll Waffenreparaturen durchführen?

Außer bei Vorliegen ganz besonderer Fachkenntnisse soll man alle über die normale Reinigung und Wartung hinausgehenden Arbeiten an der Waffe, insbesondere auch Reparaturen, nur von einem geprüften Büchsenmacher durchführen lassen. Will man bei Vorliegen entsprechender Kenntnisse selber Arbeiten an der Waffe vornehmen, müssen die diesbezüglichen gesetzlichen Vorschriften beachtet werden (s. hierzu im Abschnitt »Waffenrecht«).

Reichweite und Wirkungsweise der Geschosse

1. Gefahrenbereiche

Was versteht man unter Gefahrenbereich?

Unter Gefahrenbereich versteht man den Bereich vom Schützen bis zur höchstmöglichen Schußweite des Einzelgeschosses bzw. der Schrote. Diese Gesamtschußweite hängt von einer Reihe von Faktoren ab, insbesondere von der Art und Ladung der Patrone, dem Gewicht und der Form des Geschosses, der Lauflänge der Waffe. Die tatsächliche Schußweite hängt darüber hinaus im wesentlichen vom Abgangswinkel des Geschosses ab. Die größten Schußweiten werden erreicht bei einem Abgangswinkel von etwa 25°–35°. Die allermeisten Geschosse durchmessen tatsächlich nur einen Bruchteil der Maximalschußweite. Zur Vermeidung von Unfällen muß jedoch der Gefahrenbereich stets nach der Maximalschußweite festgelegt werden.

Wie groß ist der Gefahrenbereich bei Kleinkalibergeschossen?

Der Gefahrenbereich der Kleinkaliberpatronen beträgt für die Patronen .22 kurz und .22 lang (.22 Z) bis maximal 1 km, für die weit verbreitete Scheibenpatrone .22 l. r. (long rifle, auch l. f. B. = lang für Büchsen) etwa 1300 m, für die gleiche Patrone in Hochgeschwindigkeitslaborierung etwa 1500 m und schließlich für die noch stärkere Randfeuerpatrone .22 Winchester Magnum etwa 1800 m.

Wie groß ist der Gefahrenbereich bei Büchsengeschossen?

Je nach Patronenlaborierung und Lauflänge 2 – 5 km. Der Höchstwert wird nur von wenigen modernen Hochgeschwindigkeitspatronen erreicht. Die meisten Büchsenpatronen haben einen Gefahrenbereich von 3 – 4 km. Nur extrem schwache bzw. veraltete Büchsenpatronen liegen noch darunter.

Wie groß ist der Gefahrenbereich bei Pistolen- und Revolvergeschossen?

Bei den schwächsten Pistolen- und Revolverpatronen (z. B. 6,35 mm Browning) beträgt der Gefahrenbereich bis zu etwa 800 m, bei den für Verteidigungswaffen meist üblichen Kalibern (z. B. Pistolenpatronen 7,65 mm und 9 mm Browning sowie bei den mittelstarken Revolverpatronen) bis zu etwa 1500 m, bei den starken Pistolen- und Revolverpatronen bis zu etwa 2000 m.

Wie groß ist der Gefahrenbereich bei Luftgewehrgeschossen?

Je nach Stärke der Waffe außerordentlich unterschiedlich, maximal jedoch etwa 250 m.

Wie groß ist der Gefahrenbereich bei den 4-mm-Übungspatronen?

Der Gefahrenbereich dieser »Zimmerpatronen« beträgt bis zu 300 m.

Wie groß ist der Gefahrenbereich bei Flobertpatronen?

Bei Flobert-Schrotpatronen in den Kalibern 6 mm und 9 mm bis 150 m, bei Flobert-Rundkugeln im Kaliber 6 mm etwa 300 m, im Kaliber 9 mm etwa 700 m.

Wie groß ist der Gefahrenbereich beim Schrotschuß?

Für die üblichen Sport- und Jagdschrotpatronen gilt die Faustregel, daß die Maximalschußweite der Schrote und damit der Gefahrenbereich so viele hundert Meter beträgt, wie der Durchmesser der einzelnen Schrote in Millimeter ist. Beispielsweise beträgt demnach der Gefahrenbereich für eine Schrotpatrone mit 2½-mm-Schrot 250 m. Zum sportlichen Wurftaubenschießen werden im allgemeinen keine stärkeren Schrote als 2½ mm verwendet. Zur Jagd werden bei uns im allgemeinen Schrote bis 4 mm Durchmesser benutzt, bei denen der Gefahrenbereich maximal 400 m beträgt.

Wie groß ist der Gefahrenbereich bei Flintenlaufgeschossen?

Bis 1400 m.

Wann muß mit einer Geschoßablenkung gerechnet werden?

Einzelgeschosse und Schrote können bei schrägem Auftreffen auf Hindernisse, z. B. Steine, Wände, Stahlkonstruktionen, gefrorenen Boden usw., aber auch beim sehr schrägen Auftreffen auf Wasserflächen, aus ihrer ursprünglichen Flugrichtung abgelenkt werden und u. U. ein Ziel treffen, das vom Standpunkt des Schützen überhaupt nicht zu sehen war. Auf diese Weise sind schon viele Unfälle passiert. Schießstände müssen deshalb so beschaffen sein, daß die Geschosse entweder nicht abprallen können oder auch durch abgeprallte Geschosse keine Menschen gefährdet werden können. Bei einem zulässigen Schießen außerhalb von Schießständen (z. B. aufgrund einer Schießerlaubnis) hat der Schütze das Gelände daraufhin zu prüfen, ob mit einem Ablenken der Geschosse bzw. der Schrote zu rechnen ist, falls ja, ob durch abgelenkte Geschosse Menschen gefährdet werden können.

2. Geschoßwirkungen

Wie wirkt ein Einzelgeschoß?

Hinsichtlich der Wirkung von Einzelgeschossen muß man unterscheiden

1. die Auftreffenergie,
2. die Durchschlagskraft bzw. die Eindringtiefe,
3. die Aufhaltekraft,
4. die verletzende bzw. tötende Wirkung.

Was ist Auftreffenergie?

Die Auftreffenergie eines Geschosses ist ein rein physikalisch-technischer Wert, der sich aus Geschoßgewicht und Geschoßgeschwindigkeit errechnet. Im Gegensatz zu einer weit verbreiteten Meinung stellt die Geschoßenergie keinen direkten Leistungsmaßstab für die Geschoßwirkung dar. Für die eigentliche Geschoßwirkung kommt es darauf an, in welche Leistung (Durchschlagskraft, Aufhaltekraft, tötende Wirkung) die Geschoßenergie umgesetzt wird. Für die endgültige Wirkungsbeurteilung eines Geschosses kann die Energie lediglich ein wichtiger Hilfswert sein.

Wovon ist die Durchschlagskraft bzw. die Eindringtiefe abhängig?

Das Vermögen, feste Körper zu durchschlagen oder möglichst tief in sie einzudringen, ist – bei jeweils gleicher Auftreffenergie – um so größer, je spitzer und schlanker ein Geschoß und je härter das Geschoßmaterial bzw. der Geschoßkopf oder Geschoßmantel sind. Da letztlich die Durchschlagskraft von Patrone und Waffe abhängt, sollte sich jeder Waffenbesitzer zur Vermeidung von Unfällen vergewissern, welche Durchschlagskraft seine Waffe mit der dazugehörigen Munition besitzt. Beispielsweise durchschlagen sowohl Kleinkalibergewehre als auch die zu Verteidigungszwecken üblichen Faustfeuerwaffen normale Haus- und Zimmertüren, u. U. sogar dünne Zimmerwände, Hüttenwände oder die Wände leichter Fertighäuser. Auch das Karosserieblech von Kraftfahrzeugen wird von den meisten dieser Geschosse durchschlagen.

Was versteht man unter Aufhaltekraft?

Im Bereich des Waffen- und Schießwesens gibt es nur wenige Begriffe, über die bei Laien und sogar bei vielen Waffenträgern derartig verworrene Vorstellungen herrschen wie über den Begriff der Aufhaltekraft (stopping power). In der Vorstellung vieler Menschen verbindet er sich mit besonders grausamen und besonders lebensgefährlichen Verletzungen. Das ist jedoch völlig falsch. Grundsätzlich beinhaltet der Begriff der Aufhaltekraft nur die Fähigkeit eines Geschosses, einen Gegner möglichst schnell und zuverlässig aktionsunfähig zu machen, d. h. möglichst mit nur einem einzigen und dazu noch schlechten Treffer. Dadurch stehen Tötungs- bzw. Verletzungswirkung einerseits und Aufhaltekraft andererseits in hohem Maße in umgekehrtem Verhältnis zueinander. Denn wenn es gelingt, einen Gegner mit einem einzigen Treffer auf eine relativ ungefährliche Körperstelle aktionsunfähig zu machen, so ist das für den Getroffenen weit weniger gefährlich, als wenn zur Erreichung der gleichen Aktionsunfähigkeit mehrere Treffer in lebenswichtige Organe oder gar Kopfschüsse notwendig sind. Ein Geschoß mit hoher Aufhaltekraft bietet deshalb nicht nur dem in Notwehr befindlichen Verteidiger eine größere Sicherheit, sondern ist auch dem beschossenen Angreifer gegenüber humaner und weniger gefährlich.

Wovon ist die Aufhaltekraft abhängig?

Zur mathematischen Berechnung der Aufhaltekraft sind mehrere etwas voneinander abweichende Formeln entwickelt worden. Generell läßt sich sagen, daß bei ausreichender Energie die Aufhaltekraft um so höher, je größer das Kaliber, je höher das Geschoßgewicht und je aerodynamisch ungünstiger die Geschoßform ist. Wie ersichtlich, sind die Erfordernisse einer hohen Aufhaltekraft denen einer hohen Durchschlagskraft geradezu entgegengesetzt. Tatsächlich haben bei etwa gleicher Geschoßenergie die Geschosse mit hoher Durchschlagskraft eine relativ geringe Aufhaltekraft und umgekehrt. Während kleinkalibrige Geschosse bereits einen hohen Durchschlag aufweisen können, hat sich in der Praxis gezeigt, daß die Untergrenze einer sinnvollen Verteidigungswaffe – bei der es ja nur auf die Aufhaltekraft ankommt – bei einem Mindestkaliber von etwa 9 mm liegt, daß aber auch in diesem Kaliber noch große Unterschiede in der Aufhaltekraft je nach Geschoßgewicht, Geschoßform und Geschoßgeschwindigkeit bestehen. Wer sich als Waffenscheininhaber für die Auswahl einer sinnvollen Verteidigungswaffe und Verteidigungsmunition interessiert, sei auf das ebenfalls im BLV-Verlag erschienene Buch »Pistole und Revolver« verwiesen.

Sind Vollmantelgeschosse für Verteidigungszwecke empfehlenswert?

Für die gezielte Verwendung als persönliche Verteidigungswaffen kommen fast ausschließlich Faustfeuerwaffen in Frage. Hinsichtlich ihrer Benutzung bzw. der aus ihnen zu verschießenden Munition liegen in mancherlei Hinsicht andere Verhältnisse vor als bei Militärgewehren. Im speziellen Hinblick auf Pistolen und Revolver für die persönliche Verteidigung läßt sich folgendes feststellen: Vollmantelgeschosse haben eine besonders hohe Durchschlagskraft und eine nur geringe Aufhaltekraft. Dadurch sind bei ihrem Gebrauch oftmals mehrere bis zahlreiche oder tödliche Treffer notwendig, um einen Gegner kampfunfähig zu machen. Gleichzeitig stellen sie durch ihren hohen Durchschlag sowie durch ihre geringe Deformationsbereitschaft und ihre dadurch auch nach Ablenkung durch ein Hindernis erhaltene hohe Bewegungsenergie eine besonders große Gefährdung unbeteiligter Personen dar. Sowohl der beschossene Angreifer als auch unbeteiligte Personen werden durch die Verwendung von Vollmantelgeschossen also weit stärker gefährdet als durch die Verwendung von Geschossen mit höherer Aufhaltekraft und dadurch bedingtem geringeren Durchschlag.

Vollmantelgeschosse für Pistolen und Revolver mit hohem Durchschlag aber nur geringer Aufhaltekraft

Welche Geschosse sind für Verteidigungszwecke zu empfehlen?

Für Verteidigungszwecke sind zum Verschießen aus Pistolen und Revolvern Patronen bzw. Geschosse zu empfehlen, die eine hohe Aufhaltekraft und einen geringen Durchschlag ergeben. In der Form besonders günstig sind – bei möglichst großem Kaliber – Geschosse mit einer stumpfen, abgeplatteten oder gar napfartig ausgehöhlten Spitze. Hinsichtlich des Materials sind reine Bleigeschosse günstiger als Mantelgeschosse oder Geschosse aus Speziallegierungen bzw. mit Spezialüberzügen für hohen Durchschlag.

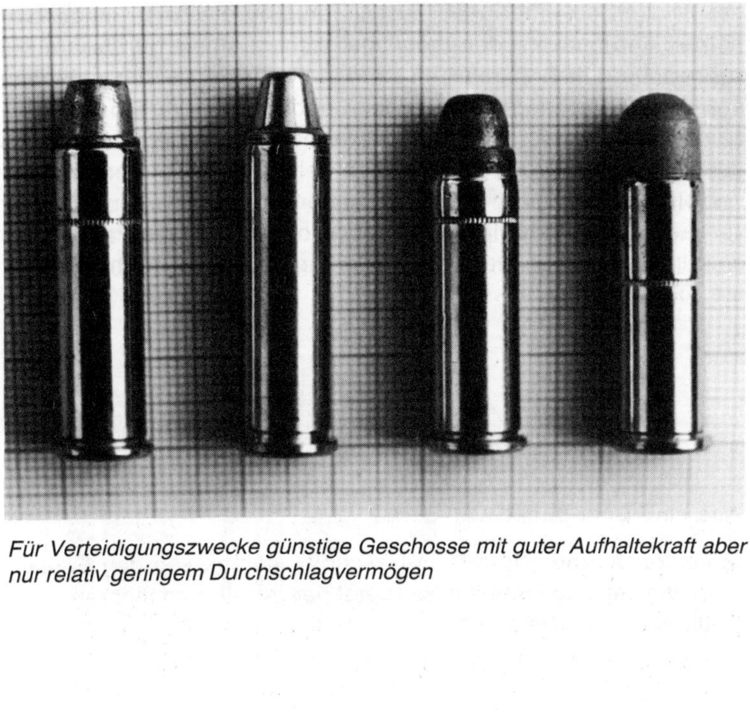

Für Verteidigungszwecke günstige Geschosse mit guter Aufhaltekraft aber nur relativ geringem Durchschlagvermögen

Welche Geschosse haben einen besonders hohen Tötungseffekt?

Wenn auch fast jedes Geschoß tödliche Verletzungen verursachen kann, so muß man doch noch solche Geschosse unterscheiden, die eine besonders hohe verletzende bzw. tötende Wirkung entfalten. Derartige Geschosse hat man insbesondere für Jagdbüchsenpatronen entwickelt, denn auf der Jagd geht es ja nicht darum, ein Tier aktionsunfähig zu machen, sondern möglichst schnell und damit schmerzlos zu töten. Für diese spezielle Zielsetzung hat man Patronen und Geschosse geschaffen, die – abgestuft nach Wildarten und damit nach der Größe des jeweiligen Tieres – in die Tiefe des Wildkörpers eindringen, dort schwere innere Zerstörungen anrichten und dadurch den möglichst schlagartigen Tod des Wildes verursachen. Wer sich für diese Frage näher interessiert, sei auf das vorzügliche Buch von Lampel »Jagdballistik« verwiesen. Auch beim Menschen verursachen die Jagdbüchsengeschosse besonders große Zerstörungen der getroffenen Organe und unterscheiden sich damit ganz wesentlich von den für Pistolen und Revolver vorgesehenen Verteidigungspatronen hoher Aufhaltekraft. Weiter entfalten eine besonders hohe verletzende bzw. tötende Wirkung die sog. Dum-Dum-Geschosse.

Was sind Dum-Dum-Geschosse?

Die Bezeichnung »Dum-Dum-Geschoß« stammt von den Engländern, die derartige Geschosse zuerst hergestellt und in ihren Kolonialkriegen eingesetzt haben. Es handelt sich hier um militärische Vollmantelgeschosse, bei denen an der Spitze der Bleikern freigelegt worden ist. Beim Eindringen in den Körper deformieren diese Geschosse unter Abgabe zahlreicher Mantelsplitter und verursachen dadurch schwerste Verletzungen. Der Einsatz solcher Geschosse zu Kriegszwecken ist völkerrechtswidrig, konnte jedoch in beiden Weltkriegen wiederholt beobachtet werden.

Wie wirkt eine Schrotgarbe?

An der Laufmündung besitzt eine Schrotgarbe noch Kalibergröße. Unmittelbar danach beginnt sie jedoch, sich auszubreiten. Beschießt man auf 1 oder 2 m Entfernung eine Scheibe, so sieht das Schußloch aus wie der Einschuß eines sehr großkalibrigen Einzelgeschosses. Auch die Wirkung eines Schrotnahschusses auf einen lebenden Körper ist ähnlich der eines sehr großkalibrigen Einzelgeschosses. Lediglich der Durchschlag gegenüber festen Materialien ist relativ gering. So durchschlägt eine Schrotladung selbst auf kurze Entfernung eine normale Autotür nicht mehr. Je weiter die Schußentfernung wird, desto mehr dehnt sich die Schrotgarbe nach den Seiten und in der Länge aus. Normale Jagdschrotpatronen ergeben beispielsweise auf 20 m Schußentfernung – je nach Schrotstärke und Mündungsverengung des Laufes – einen Streukreisdurchmesser von ½–1½ m, auf 50 m Schußentfernung einen Streukreisdurchmesser bis zu etwa 5 m. Der Durchschlag der einzelnen Schrotkörner nimmt mit steigender Schußentfernung rapide ab, ist jedoch im einzelnen von der Schrotstärke abhängig.
Wenn sich die Schrotgarbe seitlich auseinanderzieht, wirkt sie auf einen lebenden Körper durch den sogenannten Schrotschußeffekt. Dies ist eine – besonders bei kleineren Tieren – schlagartig tödliche Schockwirkung, die durch eine gleichzeitige Verletzung zahlreicher Empfindungsnerven auf verschiedenen Stellen der Körperoberfläche ausgelöst wird. Bei großen Tieren und Menschen tritt dieser tödliche Schrotschußeffekt im allgemeinen nicht auf, doch können hier durch einen Schrotschuß oftmals sehr schwere Verletzungen verursacht werden, die nachfolgend ebenfalls tödlich wirken können.

Welche Geschosse sind ungefährlich?

Es gibt grundsätzlich keine ungefährlichen Geschosse! Nach Untersuchungen der Physikalisch-Technischen Bundesanstalt in Braunschweig kann unter extrem ungünstigen Verhältnissen bereits ein Geschoß mit einer Energie von 1 kpm (1mkg = etwa 10 Joul) eine tödliche Verletzung verursachen. Demzufolge hat der Gesetzgeber die Grenze für die »freien Waffen« bei einer Mündungsenergie von 7,5 Joul gezogen. Bei sehr unglücklichen Treffern, z. B. ins Auge, kann jedoch auch ein noch schwächeres Geschoß ernsthafte Verletzungen verursachen. Deswegen ist auch mit den schwächsten Waffen bzw. den schwächsten Geschossen die größte Vorsicht zu üben!

Sind Leuchtpatronen ungefährlich?

Nein – keineswegs! Durch die Leuchtkugeln der Leuchtsignalpatronen können sogar weit gefährlichere Verletzungen verursacht werden als durch die meisten anderen Geschosse. Durch ihre sehr große Hitze können die Leuchtkugeln außerdem leicht ein Feuer verursachen, wenn sie brennbare Gegenstände treffen. Eine große Gefahr besteht auch darin, daß die Leuchtkugeln sehr leicht durch Anprall gegen Hindernisse aus ihrer Flugbahn abgelenkt werden. Bei mehrfachem Anprall an Hinternisse können Leuchtkugeln u. U. sogar zurückkommen und den Schützen treffen. Aus all diesen Gründen dürfen Leuchtkugeln und Signalraketen nur nach oben in den freien Luftraum geschossen werden!

Sind auch Platzpatronen gefährlich?

Ja – auf kurze Entfernungen können auch die sog. Platzpatronen schwere, u.U. sogar tödliche Verletzungen verursachen! Bei denjenigen Platzpatronen, die überhaupt kein Geschoß enthalten, besteht eine Verletzungsgefahr, soweit das Mündungsfeuer reicht – meist bis etwa 30 cm. Von denjenigen Platzpatronen, die – wie insbesondere die Militärplatzpatronen – nach vorn einen festen, geschoßförmigen Abschluß enthalten, z.B. aus Holz, können u.U. noch auf 1 m Entfernung tödliche Verletzungen verursacht werden.

3. Ballistische Grundbegriffe

Wird die Kenntnis ballistischer Grundbegriffe in der Sachkundeprüfung verlangt?

Nein! – Sie ist jedoch für das Verständnis mancher waffen- und schießtechnischer Zusammenhänge und damit auch für die Vorbereitung auf die Sachkundeprüfung nützlich. Aus diesem Grunde werden hier einige wichtige ballistische Grundbegriffe erläutert. Sie brauchen für die Prüfung nicht erlernt zu werden. Es kann jedoch jedem, der sich auf die Sachkundeprüfung vorbereitet, nur empfohlen werden, auch dieses Kapitel zu lesen, da er dann einige für die Prüfung wichtige Fakten um so leichter erfassen wird.

Was versteht man unter Ballistik?

Ballistik ist die Wissenschaft von der Bewegung geworfener oder geschossener Körper. Sie wird oftmals auch als die Lehre vom Schuß bezeichnet. Man unterscheidet Innenballistik, Mündungsballistik, Außenballistik und Zielballistik.

Womit befaßt sich die Innenballistik?

Die Innenballistik befaßt sich mit den Vorgängen im Patronenlager und im Lauf im Moment des Schusses, speziell also mit der Zündung und Verbrennung der Treibladung und der Bewegung des Geschosses durch den Lauf einschließlich aller hierbei ablaufenden Vorgänge und Einwirkungen, wie z. B. Temperatur- und Druckverhältnisse, Geschoßgeschwindigkeit, Geschoßrotation usw. Nachstehend können nur die für die Waffenbesitzer und Schützen wichtigsten erwähnt werden.

Welche Vorgänge laufen in der Waffe beim Schuß ab?

Nach Betätigung des Abzugs wird durch einen (je nach Waffenkonstruktion unterschiedlichen) Mechanismus der Schlagbolzen schlagartig vorgetrieben und dadurch die Patrone gezündet. Die entstehenden heißen Gase haben das Bestreben, sich nach allen Seiten auszudehnen. Nach den Seiten ist das wegen der starken Wandungen des Patronenlagers, an denen die Patronenhülse anliegt, nicht möglich, nach hinten ebenfalls nicht, da dort der Stoßboden des Verschlusses das Patronenlager fest abschließt. Der in der Patrone entstandene hohe Gasdruck entweicht deshalb nach vorn, wobei er das Geschoß aus der Hülse und mit großer Geschwindigkeit durch den Lauf nach vorn aus der Waffe hinaustreibt. Bei gezogenen Läufen wird das Geschoß bei seinem Weg durch den Lauf in eine schnelle Rotation um seine Längsachse versetzt.

Welche Vorgänge laufen in der Patrone beim Schuß ab?

Durch das schlagartige Auftreffen des Schlagbolzens auf das Zündhütchen bzw. den Zündrand wird der darin enthaltene Zündsatz zur Entzündung gebracht. Eine sehr heiße Zündflamme schlägt in den Pulverraum der Patrone und bringt die darin befindliche Treibladung (Pulverladung) zur Explosion. Bei letzterer entstehen heiße Gase mit einem hohen Gasdruck. Dieser reißt das Geschoß nach vorne aus der Hülse und treibt es durch den Übergangskegel in den Lauf.

Wie hoch sind die Verbrennungstemperaturen in der Waffe?

Die in der Waffe entstehenden Verbrennungstemperaturen betragen bei Schwarzpulver etwa 2000° C, bei Nitrozellulosepulver etwa 2400–2500° C.

Was versteht man unter Gasdruck?

Gasdruck ist der beim Schuß in einer Feuerwaffe durch die beim Verbrennen der Treibladung entstehenden heißen Gase erzeugte Druck. Er wird in bar angegeben (vgl. Tabelle auf S. 136).

Wie hoch ist der in Waffen entstehende Gasdruck?

Je nach Munition außerordentlich unterschiedlich. Bei Büchsenpatronen schwankt der maximale Gasdruck je nach Kaliber, Ladung usw. zwischen etwa 1000 und knapp 4000 bar, bei Faustfeuerwaffen zwischen etwa 750 und knapp 3000 bar, bei den Randfeuerpatronen im Kaliber .22 zwischen etwa 1000 und 1800 bar, bei Schrotpatronen der bei uns gängigen Kaliber zwischen etwa 600 bis 650 bar. 1 bar entspricht etwa dem früher gebräuchlichen Wert 1 at.

Ist ein zu hoher Gasdruck gefährlich?

Ja! Wenn der Gasdruck denjenigen, für den die betreffende Waffe konstruiert und zugelassen ist, wesentlich übersteigt, kann dies zu einer Sprengung der Waffe und diese wiederum zu einer schweren, unter Umständen tödlichen Verletzung des Schützen oder anderer, in der Nähe befindlicher Personen führen. In minder schweren Fällen kann ein überhöhter Gasdruck zu mehr oder minder großen Beschädigungen der Waffe führen.

Gibt es gesetzliche Höchstgrenzen für den Gasdruck?

Ja – für die Bundesrepublik Deutschland sind in der Anlage III zur 3. WaffV für alle bei uns gängigen Kaliber höchstzulässige Gasdrücke festgelegt worden. Die Munitionshersteller und Importeure sind strikt an diese Vorschriften gebunden. Auch die privaten Wiederlader von Patronenhülsen sollten sich unbedingt an diese Gasdruckgrenzen halten, da bei ihrer Überschreitung die Gefahr von Waffensprengungen und damit von folgenschweren Unfällen droht.

Von welchen Faktoren ist der Gasdruck abhängig?

Der beim Schuß entstehende Gasdruck ist von zahlreichen Faktoren abhängig, insbesondere von Art und Menge der Treibladung sowie vom Gewicht und der genauen Kalibrierung des Geschosses, aber auch noch von diversen weiteren Eigenschaften der Waffe und der Munition.

Woran kann der Schütze einen zu hohen Gasdruck erkennen?

Der genaue Gasdruck läßt sich nur mit speziellen, technisch aufwendigen Prüfanlagen ermitteln. Es gibt jedoch Merkmale, an denen auch der Schütze eine Überladung von Patronen erkennen kann. Ein besonders deutliches Merkmal ist die extreme Abplattung des Zündhütchens, die durch eine übermäßige Anpressung an den Stoßboden der Waffe entsteht, manchmal so stark, daß auf dem Zündhütchen feinste Unebenheiten des Stoßbodens abgeprägt sind. Auch eine besonders schwere Ausziehbarkeit der Patronenhülse nach dem Schuß kann auf zu hohen Gasdruck hindeuten. Hülsenreißer haben allerdings meist andere Ursachen, insbesondere schlechtes Hülsenmaterial.

Ist der Gasdruck im gesamten Lauf gleichmäßig?

Nein – der höchste Gasdruck herrscht in dem ersten Laufabschnitt vor dem Patronenlager. Bei genügend langen Läufen fällt er weiter zur Laufmündung hin rapide ab. Die Laufwandungen müssen deshalb im hinteren Laufabschnitt sehr viel dicker gehalten werden als im vorderen. In der untenstehenden Abbildung sind zwei Beispiele für den Verlauf der Gasdruckkurve gegeben. Diese Kurve kann zwar – je nach Art der Patrone – stark variieren, zeigt jedoch im Prinzip immer das gleiche Bild mit einem sehr steilen Gipfel im ersten Laufabschnitt und einem starken Abfall im weiteren Lauf.

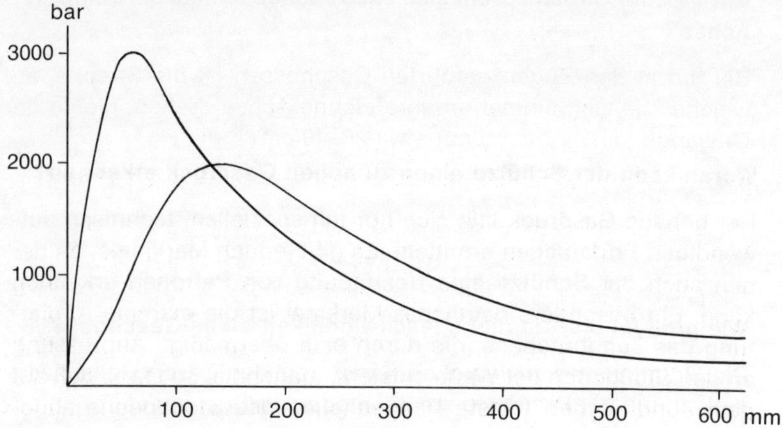

Gasdruckkurven unterschiedlicher Treibmittel

Welche Aufgabe hat der Drall?

Der Drall in gezogenen Läufen hat die Aufgabe, die aus diesen Läufen verschossenen Langgeschosse in eine schnelle Rotation um ihre Längsachse zu versetzen, da nur auf diese Weise eine genügende Flugstabilität und damit eine gute Schußpräzision erreicht werden kann.

Auf welcher Strecke dreht sich ein Geschoß einmal um seine Achse?

Bei gut in den Zügen geführten Geschossen ist die Strecke, auf welcher sie sich einmal um ihre eigene Achse drehen, gleich der Drallänge, d.h. je nach Lauf etwa 20–40 cm.

Wie groß ist die Rotationsgeschwindigkeit eines Geschosses?

Die Rotationsgeschwindigkeit hängt von der Geschoßgeschwindigkeit und der Drallänge ab. Bei modernen Büchsenpatronen beträgt sie zwischen 3000 und 4000 Umdrehungen pro Sekunde, bei der Kleinkaliberpatrone .22 l.r. und bei Faustfeuerwaffenpatronen um 1000 Umdrehungen pro Sekunde.

Womit befaßt sich die Mündungsballistik?

Die Mündungsballistik, auch Übergangsballistik genannt, befaßt sich mit den komplizierten Vorgängen an der Laufmündung während des Schusses.

Womit befaßt sich die Außenballistik?

Die Außenballistik befaßt sich mit der gesamten Flugbahn des Einzelgeschosses bzw. der Schrotgarbe von der Laufmündung bis zum Ziel. Das untenstehende Bild zeigt die typische parabelähnliche Flugbahn eines Einzelgeschosses, die auch als ballistische Kurve bezeichnet wird.

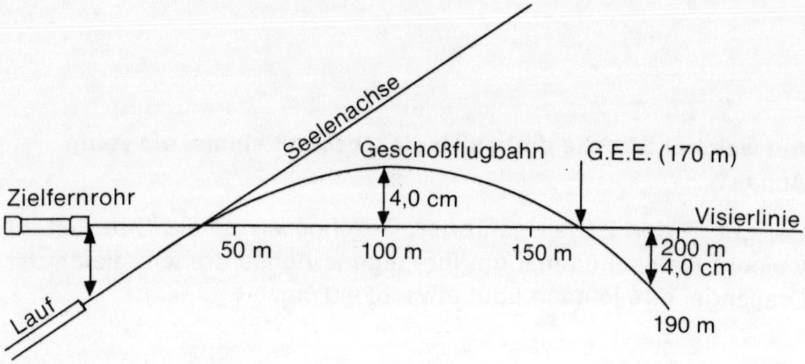

Flugbahn eines Einzelgeschosses

Hat die Lauflänge einen Einfluß auf die ballistischen Leistungen?

Ja! Jede Patrone ist auf eine bestimmte Lauflänge abgestimmt (laboriert). Wird diese Lauflänge unterschritten, so verbrennt ein Teil der Treibladung erst, nachdem das Geschoß den Lauf bereits verlassen hat, wodurch die Geschoßgeschwindigkeit und alle von ihr abhängigen Werte vermindert werden. Diese Leistungsverminderung ist um so größer, je kürzer der Lauf ist.

Was ist Rasanz?

Als Rasanz bezeichnet man die Gestrecktheit der Flugbahn. Die Rasanz ist also um so kleiner, je stärker die Krümmung der Flugbahn.

Welche Faktoren bestimmen die Geschoßflugbahn?

Vor allem Gewicht, Form und Anfangsgeschwindigkeit (Mündungsgeschwindigkeit) des Geschosses und der sog. Abgangswinkel, d. h. der Winkel des Laufes zur Waagerechten.

Was versteht man unter Einschießen?

Unter Einschießen versteht man das mit Hilfe scharfer Schüsse durchgeführte Justieren der Visiereinrichtung einer Schußwaffe. Im allgemeinen werden Waffen entweder »fleck« eingeschossen, d.h. daß auf die beabsichtigte Schußentfernung der Schuß genau dorthin geht, wohin die Visierung zeigt, oder mit einem mehr oder minder großen Hochschuß, z.B. »Spiegel aufsitzend«, also so, daß man auf den unteren Rand des Scheibenspiegels zielen muß, wenn man sein Zentrum treffen will.

Auf welche Entfernung wird eine Schußwaffe eingeschossen?

Faustfeuerwaffen für die Verteidigung werden meist auf 15 oder 25 m Entfernung eingeschossen, Sportwaffen auf diejenige Entfernung, auf welche die betreffende Sportdisziplin laut Reglement durchgeführt wird, also beispielsweise auf 50 oder 100 m. Jagdbüchsen wurden früher auch meist auf 100 m Entfernung eingeschossen. Heute werden moderne Jagdbüchsen mit Zielfernrohr üblicherweise auf die GEE eingeschossen.

Was versteht man unter GEE?

GEE ist eine Abkürzung für »Günstigste Einschießentfernung«. Dabei geht man von der Voraussetzung aus, daß für Jagdbüchsen, die zur Schalenwildjagd verwendet werden, eine Schußabweichung bis zu 4 cm im praktischen Jagdbetrieb keine Rolle spielt. Die GEE wird nun so berechnet, daß die Geschoßflugbahn sich von der Laufmündung bis zur GEE maximal 4 cm über die Visierlinie erhebt. Dadurch erreicht man mit den modernen Büchsenpatronen sehr viel größere Fleckschußentfernungen als bei der früheren Praxis, im Extremfall eine mehr als doppelt so große Fleckschußentfernung (vgl. Tabelle S. 136).

Was versteht man unter Haltepunkt?

Als Haltepunkt oder Zielpunkt bezeichnet man den Punkt, auf den die Visierlinie im Augenblick des Schusses gerichtet sein soll. Er ist identisch mit dem Punkt, auf den das Geschoß bei Fleckschußentfernung treffen soll. Bei anderer als Fleckschußentfernung muß der Haltepunkt entsprechend höher oder tiefer gewählt werden, je nachdem, wie die Waffe eingeschossen und wie groß die Entfernung ist.

Was versteht man unter Treffpunkt?

Den Punkt, den das Geschoß tatsächlich trifft.

Was versteht man unter Treffpunktlage?

Die Lage eines aus mehreren Schüssen errechneten mittleren Treffpunktes im Vergleich zum Haltepunkt.

Was versteht man unter Streuung?

Selbst bei allerbester Waffe und Munition geht auf größere Entfernung nicht Schuß für Schuß durch ein und dasselbe Loch auf der Scheibe. Vielmehr werden sich eine Anzahl von Schüssen auf eine mehr oder minder große Fläche verteilen. Diese Erscheinung nennt man bei Einzelgeschossen Streuung. Schrotgarben ziehen sich nach Verlassen der Laufmündung auseinander, so daß mit zunehmender Schußentfernung der Durchmesser einer Schrotgarbe immer größer wird. Auch diese Erscheinung nennt man Streuung.

Wie wird die Geschoßgeschwindigkeit bezeichnet?

Mit V (von velocitas). Da sie mit zunehmender Schußentfernung abnimmt, unterscheidet man die Mündungsgeschwindigkeit V_o, die Geschwindigkeit auf irgendeine bestimmte Entfernung, z.B. auf 100 m die V_{100}, und die Zielgeschwindigkeit oder die Auftreffgeschwindigkeit V_z. Angegeben wird die Geschoßgeschwindigkeit in m/s (Meter pro Sekunde).

Wie groß ist die Geschwindigkeit eines Einzelgeschosses?

Die Anfangsgeschwindigkeit (V_0) liegt bei modernen Büchsengeschossen in Höchstgeschwindigkeitslaborierungen zwischen 1000 und 1300 m/s, bei anderen Laborierungen zwischen 700 und 1000 m/s, bei Faustfeuerwaffenpatronen etwa zwischen 250 und 350 m/s, bei Geschossen aus Kleinkaliberbüchsen .22 l.r. um Schallgeschwindigkeit, also etwa um 330 m/s (vgl. Tabelle S. 136).

Ist eine hohe Geschoßgeschwindigkeit von Vorteil?

Ja, denn sie bewirkt sowohl eine rasantere Flugbahn als auch eine höhere Geschoßenergie. Andererseits sind ihr in der Geschoß- und Waffenkonstruktion Grenzen gesetzt. Welche Geschoßgeschwindigkeit als optimal anzustreben ist, hängt weitgehend von der Zweckbestimmung der Waffe ab.

Wie wird die Geschoßenergie bezeichnet?

Die Geschoßenergie wird mit E bezeichnet und in J (Joule) angegeben. Früher wurde sie in mkg (Meterkilogramm) oder mkp (Meterkilopond) angegeben. Es ist etwa 1 mkg = 1 mkp = 10 J. Da auch die Energie mit zunehmender Schußentfernung abnimmt, unterscheidet man die E_0, die E_{100} usw. sowie die E_z.

Woraus ergibt sich die Geschoßenergie?

Die Geschoßenergie errechnet sich aus Geschoßgewicht und Geschoßgeschwindigkeit nach der Formel

$$E = \frac{m \cdot V^2}{2}$$

wobei m das Geschoßgewicht in kg, V die Geschoßgeschwindigkeit in m/s ist.

Wie groß ist die Energie eines Einzelgeschosses?

Die Mündungsenergie der bei uns gebräuchlichen Jagdbüchsengeschosse liegt – je nach Kaliber, Ladung usw. – zwischen 1500 und 6000 J, bei den gängigen Faustfeuerwaffenpatronen zwischen 200 und 500, bei einigen extrem starken Faustfeuerwaffenpatronen bis zu etwa 1500 J (vgl. Tabelle S. 129).

Womit befaßt sich die Zielballistik?

Die Zielballistik, auch Endballistik genannt, befaßt sich mit der Geschoßwirkung im Ziel, insbesondere mit Auftreffenergie, Durchschlag, Aufhaltekraft, tötender Wirkung usw. Sofern lebende Körper beschossen werden, treten die technischen Vorgänge in vielfältige Beziehungen zu biologischen Vorgängen.

Was ist Jagdballistik?

Unter Jagdballistik versteht man die Beschäftigung mit all jenen ballistischen Fragen, die speziell für Jagdwaffen, Jagdmunition und die jagdliche Praxis von Bedeutung sind. Dazu gehören insbesondere die Außenballistik der Jagdpatronen und ganz besonders ihre Zielballistik, d. h. die Wirkung der Jagdpatronen auf das beschossene Wild. Das höchste anzustrebende Ziel muß dabei stets sein, das beschossene Wild so schnell und damit so schmerzlos wie nur irgend möglich zu töten.

Was sind ballistische Tabellen?

Ganz allgemein sind ballistische Tabellen alle tabellarischen Zusammenstellungen von ballistischen Werten. Da sie stets für einen bestimmten Interessentenkreis, z.B. Jäger, oder für bestimmte Zwecke, z.B. den Vergleich verschiedener Jagdbüchsenpatronen unter jagdlichen Aspekten, zusammengestellt werden, erstrecken sie sich auf die dafür notwendigen Angaben. Auf der folgenden Seite wird als Beispiel eine ballistische Tabelle für einige Jagdbüchsenpatronen wiedergegeben.

Was sind Schußtafeln?

Dieser Begriff ist im zivilen Waffen- und Schießwesen gleichbedeutend mit dem der ballistischen Tabellen, wie nebenstehend eine als Beispiel wiedergegeben ist.

Büchsenpatronen Dynamit Nobel AG (RWS)

Patrone	Geschoß Art	Geschoß Länge	Geschoß Gew.	Lauf-Länge	Gasdr.	Geschwindigkeit (m/s)						Energie (J)						Treffpunktlage in cm zur Visierlinie durch das Zielfernrohr 5 cm über Seelenachse					
		(mm)	(g)	(mm)	bar	V_0	V_{50}	V_{100}	V_{150}	V_{200}	V_{300}	E_0	E_{50}	E_{100}	E_{150}	E_{200}	E_{300}	GEE m	50 m	100 m	150 m	200 m	300 m
7 x 57 R	KS	30	10.5	600	3000	780	740	700	670	635	575	3194	2875	2573	2357	2117	1736	155	+ 2,0	+ 4,0	+ 0,5	− 8,0	− 41
7 x 57 R	KMK	34	11.2	600	3000	750	710	675	640	610	550	3150	2823	2552	2294	2084	1694	155	+ 2,0	+ 4,0	+ 0,5	− 9,0	− 44
7 x 57 R	TIG	31	10.5	600	3000	780	730	685	650	620	565	3194	2798	2463	2218	2018	1676	155	+ 2,0	+ 4,0	+ 0,5	− 8,0	− 44
7 x 57 R	TIG	36	11.5	600	3000	750	720	695	670	645	605	3234	2981	2777	2581	2392	2105	155	+ 1,5	+ 4,0	+ 0,5	− 7,0	− 42
7 x 64	TMR	30	11.2	650	3600	800	750	700	655	615	535	3584	3150	2744	2403	2118	1603	155	+ 2,0	+ 4,0	+ 0,5	− 8,0	− 44
7 x 64	KS	30	10.5	650	3600	880	835	795	755	720	650	4066	3660	3318	2993	2722	2218	180	+ 1,5	+ 4,0	+ 2,5	− 2,5	− 27
7 x 64	HMK	34	11.2	650	3600	850	805	765	725	690	620	4046	3629	3277	2944	2666	2153	170	+ 1,5	+ 4,0	+ 2,0	− 4,5	− 31
7 x 64	TIG	31	10.5	650	3600	880	825	770	730	700	640	4066	3573	3113	2798	2573	2150	175	+ 1,5	+ 4,0	+ 2,5	− 3,5	− 31
7 x 64	TIG	36	11.5	650	3600	865	830	795	765	735	680	4302	3961	3634	3365	3106	2659	180	+ 1,0	+ 4,0	+ 2,5	− 2,5	− 27
7 x 65 R	TMR	30	11.2	600	3300	770	720	675	630	590	515	3320	2903	2552	2223	1949	1485	150	+ 2,0	+ 4,0	⊕	− 9,5	− 49
7 x 65 R	KS	30	10.5	600	3300	860	815	775	740	700	635	3883	3487	3153	2875	2573	2117	175	+ 1,5	+ 4,0	+ 2,5	− 3,5	− 30
7 x 65 R	HMK	34	11.2	600	3300	830	790	750	710	675	605	3858	3495	3150	2823	2552	2050	165	+ 1,5	+ 4,0	+ 1,5	− 5,5	− 33
7 x 65 R	TIG	31	10.5	600	3300	870	815	760	720	690	630	3974	3487	3032	2722	2450	2084	175	+ 1,5	+ 4,0	+ 2,5	− 3,5	− 32
7 x 65 R	TIG	36	11.5	600	3300	835	800	765	735	705	650	4009	3680	3365	3106	2858	2429	175	+ 1,0	+ 4,0	+ 2,5	− 3,5	− 30
7 mm Rem. Mag.	TMS	28	9.4	650	3800	1005	955	905	860	815	735	4747	4287	3849	3476	3122	2539	210	+ 1,0	+ 4,0	+ 4,0	+ 1,0	− 17
7 mm Rem. Mag.	TMS	32	11.3	650	3800	925	885	850	815	780	720	4834	4425	4082	3753	3437	2929	195	+ 1,0	+ 4,0	+ 3,5	− 0,5	− 21
.30–06	TMS	26	9.7	600	3500	910	860	810	760	715	625	4016	3587	3182	2801	2479	1895	180	+ 1,5	+ 4,0	+ 2,5	− 2,5	− 27
.30–06	HMK	31	11.7	600	3500	840	795	755	715	675	600	4128	3697	3335	2991	2665	2106	170	+ 1,5	+ 4,0	+ 2,0	− 4,5	− 32
.30–06	TUG	32	11.7	600	3500	840	790	745	705	665	595	4128	3651	3247	2908	2587	2071	165	+ 1,5	+ 4,0	+ 2,0	− 5,0	− 36
.308 Win.	TMS	26	9.7	600	3600	870	820	770	725	680	595	3671	3261	2876	2549	2243	1717	175	+ 1,5	+ 4,0	+ 2,5	− 3,5	− 31
.308 Win.	HMK	31	11.7	600	3600	780	740	700	660	625	555	3559	3203	2867	2548	2285	1802	155	+ 2,0	+ 4,0	+ 0,5	− 8,0	− 43
.308 Win.	TUG	32	11.7	600	3600	780	735	690	650	615	555	3559	3160	2785	2472	2213	1802	155	+ 3,0	+ 4,0	+ 0,5	− 8,0	− 46

Waffenrecht

1. Waffen- und Munitionsbegriffe

Was ist eine Schußwaffe im Sinne des Waffengesetzes?

Schußwaffen im Sinne dieses Gesetzes sind Geräte, die zum Angriff, zur Verteidigung, zum Sport, Spiel oder zur Jagd bestimmt sind und bei denen Geschosse durch einen Lauf getrieben werden (§ 1 Abs. 1).

Welche Gegenstände stehen den Schußwaffen gleich?

1. Tragbare Geräte, die zum Abschießen von Munition bestimmt sind (§ 1 Abs. 2).
2. Wesentliche Teile von Schußwaffen und Schalldämpfer. Dies gilt auch dann, wenn sie mit anderen Gegenständen verbunden sind und die Gebrauchsfähigkeit als Waffenteil nicht beeinträchtigt ist oder mit allgemein gebräuchlichen Werkzeugen wiederhergestellt werden kann (§ 3 Abs. 1).

Was sind wesentliche Teile von Schußwaffen?

1. Lauf und Verschluß sowie Patronen- oder Kartuschenlager, sofern diese nicht bereits Bestandteil des Laufes sind,
2. bei Schußwaffen, bei denen zum Antrieb ein entzündbares flüssiges oder gasförmiges Gemisch verwendet wird, auch die Verbrennungskammer und die Einrichtung zur Erzeugung des Gemisches,
3. bei Schußwaffen mit anderem Antrieb auch die Antriebsvorrichtung, sofern sie fest mit der Schußwaffe verbunden ist,
4. bei Handfeuerwaffen mit einer Länge von nicht mehr als 60 cm auch das Griffstück oder sonstige Waffenteile, soweit sie für die Aufnahme des Auslösemechanismus bestimmt sind (§ 3 Abs. 2).

Als wesentliche Teile gelten auch vorgearbeitete wesentliche Teile, wenn sie mit allgemein gebräuchlichen Werkzeugen fertiggestellt werden können (§ 3 Abs. 3).

Was sind Schalldämpfer?

Vorrichtungen, die der Dämpfung des Mündungsknalls dienen und für Schußwaffen bestimmt sind (§ 3 Abs. 4).

Wann gilt eine Schußwaffe nicht mehr als solche?

Die Schußwaffeneigenschaft geht erst verloren, wenn alle wesentlichen Teile so verändert sind (künstlich oder z.B. auch durch verrosten), daß sie mit allgemein gebräuchlichen Werkzeugen nicht wieder gebrauchsfähig gemacht werden können (§ 1 Abs. 3).

Was sind Handfeuerwaffen?

Handfeuerwaffen im Sinne dieses Gesetzes sind

1. Schußwaffen, bei denen zum Antrieb der Geschosse heiße Gase verwendet werden,
2. tragbare Geräte, die zum Abschießen von Munition bestimmt sind (§ 1 Abs. 4).

Im waffentechnischen Sprachgebrauch bezeichnet man als Handfeuerwaffen – im Gegensatz zu Geschützen – diejenigen Feuerwaffen, die von einem Mann getragen und unter bloßer Benutzung der Hände (ohne Lafette) abgefeuert werden können.

Wie untergliedern sich die Handfeuerwaffen?

Das Waffengesetz unterscheidet Waffen von mehr als 60 cm Gesamtlänge und von weniger als 60 cm Gesamtlänge. Außerdem werden Selbstladewaffen noch besonders ausgehalten. Die im waffentechnischen Sprachgebrauch allgemein übliche Unterteilung der Handfeuerwaffen in die längeren, in die Schulter einzusetzenden und unter Benutzung beider Hände abzufeuernden Gewehre und die kürzeren, lediglich aus einer Hand abzufeuernden Faustfeuerwaffen (Pistolen und Revolver) macht das neue Waffengesetz im Gegensatz zu einigen seiner Vorläufer nicht. Das berührt jedoch nicht die praktische Bedeutung dieser Begriffe. Auf weitere waffentechnische Unterscheidungen wird in dem diesbezüglichen Abschnitt eingegangen.

Was sind Kurz- und was Langwaffen?

Unser gegenwärtiges Waffengesetz benutzt die Begriffe Kurzwaffe und Langwaffe nicht. In der Praxis werden sie jedoch häufig benutzt als Bezeichnung der vom Gesetz unterschiedenen Waffen von weniger als 60 cm Gesamtlänge und von mehr als 60 cm Gesamtlänge. Dadurch steht der Begriff Kurzwaffe häufig für Faustfeuerwaffe und der Begriff Langwaffe für Gewehr. Zwar decken sich diese Begriffe nicht in jedem Fall vollständig, doch sind sie in der Praxis durchaus brauchbar.

Was sind Selbstladewaffen im Sinne des Waffengesetzes?

Selbstladewaffen im Sinne des Waffengesetzes sind Schußwaffen, bei denen nach dem ersten Schuß lediglich durch Betätigen des Abzuges weitere Schüsse aus demselben Lauf abgegeben werden können (§ 1 Abs. 5). Im Gegensatz zum waffentechnischen Sprachgebrauch, der lediglich Rückstoß- und Gasdrucklader zu den Selbstladewaffen zählt, umfaßt der Begriff der Selbstladewaffen im Sinne des Waffengesetzes z.B. auch die Double Action-Revolver.

Was sind Mehrladewaffen?

Mehrladewaffen sind einläufige (in sehr seltenen Fällen mehrläufige) Schußwaffen mit einer Mehrladeeinrichtung, also mit einem Magazin oder einer Trommel, bei denen jedoch das Schußfertigmachen für den nächsten Schuß nicht (wie bei den automatischen Waffen) durch Rückstoßenergie oder Gasdruck oder (wie bei den Double Action-Revolvern) durch ausschließliche Betätigung des Abzuges erfolgt, sondern durch eine besondere Handlung des Schützen, z.B. bei Repetierwaffen durch das Repetieren oder bei Single Action-Revolvern durch das Spannen des Hahns.

Was sind Einzelladerwaffen?

Waffen ohne Mehrschußeinrichtung, also Waffen, bei denen die Patrone nach jedem Schuß per Hand durch eine neue ersetzt werden muß.

Wozu gehören mehrläufige Waffen?

Zwar können aus ihnen mehrere Schüsse hintereinander ohne zwischenzeitliches Nachladen abgegeben werden. Da diese Waffen jedoch keine eigentliche Mehrladeeinrichtung besitzen sondern jeder einzelne Lauf wie ein Einzellader per Hand nachgeladen werden muß, werden mehrläufige Waffen gemeinhin zu den Einzelladern gerechnet.

Ist eine Waffe mit Schaftmagazin eine Mehrladewaffe?

Manche Jagdwaffen haben ein sogenanntes Schaftmagazin, d.h. einen Vorratsbehälter für Patronen im Gewehrkolben. Da diese Schaftmagazine nicht Bestandteil einer Mehrladeeinrichtung sind sondern lediglich der bequemen Mitführung von Reservepatronen dienen, wird ein Einzellader durch das Vorhandensein eines Schaftmagazins nicht zum Mehrlader.

Was sind Schußapparate?

Schußapparate im Sinne des Waffengesetzes sind tragbare Geräte, die für gewerbliche oder technische Zwecke bestimmt sind und bei denen zum Antrieb Munition verwendet wird (§ 1 Abs. 6). Bekannte Beispiele sind die von Hausschlachtern und in kleineren Schlachtereien benutzten Viehtötungsgeräte und die Bolzenschußgeräte, die in der Bauwirtschaft benutzt werden.

Was sind Hieb- und Stoßwaffen?

Hieb- und Stoßwaffen im Sinne des Waffengesetzes sind Waffen, die ihrer Natur nach dazu bestimmt sind, unter unmittelbarer Ausnutzung der Muskelkraft durch Hieb, Stoß oder Stich Verletzungen beizubringen (§ 1 Abs. 7). Bei dieser Definition kommt es wesentlich auf die ursprüngliche Zweckbestimmung an. Buschmesser beispielsweise (Machete, Koup-Koup u.ä.), die durchaus gefährliche Waffen sein können, fallen nicht unter das Waffengesetz, weil sie nicht »ihrer Natur nach dazu bestimmt sind« als Waffen, sondern z.B. zum Freischlagen des Weges im Urwald und zu ähnlichen Zwecken zu dienen.

Welche Gegenstände stehen Hieb- und Stoßwaffen gleich?

Geräte, die ihrer Natur nach dazu bestimmt sind, unter Ausnutzung einer anderen als mechanischen Energie durch körperliche Berührung Verletzungen beizubringen (§ 1 Abs. 7). Hinsichtlich der ursprünglichen Zweckbestimmung gilt das gleiche wie bei den eigentlichen Hieb- und Stoßwaffen.

Welche Munitionsarten unterscheidet das Waffengesetz?

Patronenmunition, Kartuschenmunition und pyrotechnische Munition, die zum Verschießen aus Schußwaffen bestimmt ist (§ 2 Abs. 1).

Was ist Patronenmunition?

Hülsen mit Ladungen, die das Geschoß enthalten (§ 2 Abs. 1 Nr. 1).

Was ist Kartuschenmunition?

Hülsen mit Ladungen, die ein Geschoß nicht enthalten (§ 2 Abs. 1 Nr. 2).

Was ist pyrotechnische Munition?

Patronenmunition, bei der das Geschoß einen pyrotechnischen Satz enthält (§ 2 Abs. 1 Nr. 3). Dieser pyrotechnischen Munition stehen Raketen gleich, die nach dem Abschuß durch die von ihnen mitgeführte Ladung angetrieben werden und Geschosse, die einen pyrotechnischen Satz enthalten.

Wozu gehören Platzpatronen?

Sofern es reine Knallpatronen sind, enthalten sie kein Geschoß und gehören damit zur Kartuschenmunition. Sofern Platzpatronen als Abschluß nach vorn einen festen Körper (z.B. geschoßförmigen Holzpfropfen) enthalten, der beim Abschuß durch den Lauf getrieben wird, zählen sie zur Patronenmunition.

Welche Gegenstände stehen der Munition gleich?

Treibladungen, die nicht in Hülsen untergebracht sind, wenn sie eine den Innenabmessungen einer Schußwaffe angepaßte Form haben und zum Antrieb von Geschossen bestimmt sind (§ 2 Abs. 2).

Gilt loses Schießpulver als Munition?

Nein – es unterliegt den besonderen Bestimmungen des Sprengstoffgesetzes.

Was sind Geschosse im Sinne des Waffengesetzes?

1. Feste Körper,
2. gasförmige, flüssige oder feste Stoffe in Umhüllungen (§ 2 Abs. 3).

2. Waffenbesitz und Waffenerwerb

Was gilt als besitzen im Sinne des Waffengesetzes?

Im Sinne des Waffengesetzes besitzt einen Gegenstand, wer – ohne Rücksicht auf die Eigentumsverhältnisse – die tatsächliche Gewalt über ihn ausübt (§ 28 Abs. 1).

Was gilt als erwerben im Sinne des Waffengesetzes?

Im Sinne des Waffengesetzes erwirbt einen Gegenstand, wer die tatsächliche Gewalt über ihn erlangt (§ 4 Abs. 1). Die Eigentumsverhältnisse werden davon weder berührt noch spielen sie für den Tatbestand des Erwerbs eine Rolle.

Was gilt als überlassen im Sinne des Waffengesetzes?

Im Sinne des Waffengesetzes überläßt einen Gegenstand, wer die tatsächliche Gewalt über ihn einem anderen einräumt (§ 4 Abs. 2). Auch hierbei spielen die Eigentumsverhältnisse keine Rolle.

Was ist unter tatsächlicher Gewalt zu verstehen?

Die tatsächliche Gewalt über einen Gegenstand übt derjenige aus, der die Möglichkeit hat, über diesen Gegenstand nach eigenem Willen zu verfügen.

Ist der Waffenbesitz erlaubnispflichtig?

Ja. Im Gegensatz zum früheren Waffenrecht der Bundesrepublik Deutschland ist nach dem jetzigen Waffengesetz auch der Besitz von Schußwaffen erlaubnispflichtig. Die Erlaubnis wird nach § 28 durch eine Waffenbesitzkarte erteilt, die auf eine bestimmte Person ausgestellt wird und in die detaillierte Angaben über die Waffen eingetragen werden.

Was ist von Bürgern der ehemaligen DDR besonders zu beachten?

Soweit am Tage des Beitritts der neuen Länder zur Bundesrepublik Deutschland ein Besitz von Waffen und/oder Munition nach früherem DDR-Recht oder ohne Erlaubnis vorlag, war dieser Besitz innerhalb von sechs Monaten anzumelden und die Ausstellung entsprechender Erlaubnisse zu beantragen bzw. es waren die erlaubnispflichtigen Gegenstände einem Berechtigten zu überlassen.

Kann die Erteilung der Waffenbesitzkarte mit Auflagen verbunden werden?

Ja. Nach § 28 Abs. 1 kann die Erteilung einer Waffenbesitzkarte zur Abwehr von Gefahren für die öffentliche Sicherheit, insbesondere hinsichtlich der Aufbewahrung der Schußwaffen, mit Auflagen verbunden werden. Solche Auflagen sind auch nachträglich zulässig.

Wie lange gilt eine Waffenbesitzkarte?

Die Waffenbesitzkarte und damit die Erlaubnis zum Besitz der darin aufgeführten Schußwaffen wird nach § 28 Abs. 1 unbefristet erteilt. Sie kann aber zur Abwehr von Gefahren für die öffentliche Sicherheit auch befristet werden.

Welche Genehmigung ist zum Erwerb einer Schußwaffe notwendig?

Die Erlaubnis zum Waffenerwerb wird von der zuständigen Behörde auf der Waffenbesitzkarte erteilt. Derselbe Ausweis berechtigt also zum Erwerb und zum späteren Nachweis des berechtigten Waffenerwerbs und Waffenbesitzes. Im Gegensatz zur sonstigen Gültigkeitsdauer der Waffenbesitzkarte gilt die Erlaubnis zum Erwerb für die Dauer eines Jahres. Wenn man also innerhalb eines Jahres nach Erteilung der Erlaubnis die Waffe nicht erworben hat, verfällt die Erlaubnis und muß gegebenenfalls neu beantragt werden.

Kann der Inhaber einer Waffenbesitzkarte ohne weiteres jede gewünschte Waffe erwerben?

Nein – abgesehen von den besonderen Waffenbesitzkarten für Sportschützen bzw. für Sammler, Sachverständige usw. (siehe unten) können auf eine Waffenbesitzkarte jeweils nur diejenigen Waffen erworben werden, für die seitens der zuständigen Behörde eine Erwerbsgenehmigung eingetragen worden ist. Auf die nachstehend genannten besonderen Waffenbesitzkarten können ohne spezielle Einzelgenehmigung diejenigen Waffenarten erworben werden, für die diese besondere Waffenbesitzkarte ausgestellt ist.

Gibt es besondere Waffenbesitzkarten für Sportschützen?

Ja – nach § 28 Abs. 2 Satz 1 wird Sportschützen (auf Antrag) eine unbefristete Erlaubnis erteilt, die allgemein zum Erwerb von Einzelladerwaffen mit einer Länge von mehr als 60 cm berechtigt.

Gibt es besondere Waffenbesitzkarten für Waffensammler, Gutachter usw.?

Ja – nach § 28 Abs. 2 Satz 2 kann Waffensammlern sowie Personen, denen Schußwaffen zur Erprobung, Begutachtung, Untersuchung oder für ähnliche Zwecke überlassen werden, die Erlaubnis zum Erwerb von Schußwaffen unbefristet und für bestimmte Arten von Schußwaffen, in begründeten Ausnahmefällen unbefristet für Schußwaffen jeder Art erteilt werden. Auch hierbei sind zur Abwendung von Gefahren für die öffentliche Sicherheit Befristungen und Auflagen zulässig.

Sind Erwerb und Besitz von Einsteckläufen und Schußapparaten erlaubnispflichtig?

Nein – nach § 28 Abs. 3 bedarf es zum Erwerb und Besitz von Schußapparaten und Einsteckläufen keiner Waffenbesitzkarte. Nach § 4 Abs. 1 Nr. 2 der 1. WaffV gilt das auch für Einsätze, die dazu bestimmt sind, Munition mit kleineren Abmessungen zu verschießen, und die keine Einsteckläufe sind (sogenannte Reduzierhülsen), wenn sie für Schußwaffen bestimmt sind, die bereits in der Waffenbesitzkarte des Erlaubnisinhabers eingetragen sind.

Wie ist der Erwerb und Besitz von Wechsel- und Austauschläufen rechtlich geregelt?

Nach § 4 der 1. WaffV können Wechsel- und Austauschläufe gleichen oder geringeren Kalibers einschließlich der für diese Läufe erforderlichen auswechselbaren Verschlüsse – sofern sie für bereits in die Waffenbesitzkarte eingetragene Waffen bestimmt sind – frei erworben werden. Ihr Erwerb ist jedoch der zuständigen Behörde innerhalb eines Monats unter Vorlage der Waffenbesitzkarte zur Eintragung des Erwerbs anzuzeigen.

Sind Erwerb und Besitz von Luftdruckwaffen erlaubnispflichtig?

Luftdruck-, Federdruck- und CO_2-Waffen sind genehmigungsfrei, wenn sie entweder vor dem 1. Januar 1970 erworben wurden oder wenn die Bewegungsenergie ihrer Geschosse nicht mehr als 7,5 J beträgt und sie das hierfür vorgeschriebene Kennzeichen (s. Abb. auf S. 190, oberstes Zeichen) tragen (§ 2 Abs. 4 der 1. WaffV).

Sind Erwerb und Besitz von Vorderladern erlaubnispflichtig?

Erlaubnisfrei sind Vorderladerwaffen mit Lunten- oder Funkenzündung (Radschloß- und Steinschloßwaffen) sowie einläufige Einzellader-Perkussionswaffen, deren Modell vor dem Jahre 1871 entwickelt worden ist.

Sind Schreckschuß-, Reizstoff- und Signalwaffen erlaubnispflichtig?

Der Erwerb und Besitz dieser Waffen ist nicht genehmigungspflichtig, sofern die Waffen das hierfür vorgesehene Zeichen der Physikalisch-Technischen Bundesanstalt in Braunschweig (s. Abb. auf S. 190) tragen (§ 2 Abs. 4 Nr. 2 der 1. WaffV). Ansonsten sind sie wie jede voll genehmigungspflichtige Waffe zu behandeln.

Sind Spielzeugwaffen erlaubnispflichtig?

Nach § 1 Abs. 1 der 1. WaffV fallen zum Spielen bestimmte waffenähnliche Gegenstände, aus denen lediglich Geschosse, denen eine Bewegungsenergie von nicht mehr als 0,5 Joule erteilt wird oder Zündblättchen, -bänder oder -ringe (Amorces) oder Knallkorken abgeschossen werden können, nicht unter das Waffengesetz. Sie dürfen jedoch nicht den Anschein einer vollautomatischen Selbstladewaffe hervorrufen, die Kriegswaffe im Sinne des Gesetzes über die Kontrolle von Kriegswaffen (z. B. Maschinenpistole) ist (§ 1 Abs. 3 Nr. 3 der 1. WaffV).

Was sind Zier- und Sammlerwaffen im Sinne des Gesetzes?

Veränderte Schußwaffen mit einer Länge von mehr als 60 cm, die für Zier- oder Sammlerzwecke, zu Theateraufführungen, Film- oder Fernsehaufnahmen bestimmt sind, wenn sie die nachstehenden Anforderungen erfüllen (§ 3 Abs. 1 der 1. WaffV):

1. Das Patronenlager muß dauerhaft so verschlossen sein, daß keine Patronen- oder pyrotechnische Munition geladen werden kann.
2. Der Lauf muß in dem dem Patronenlager zugekehrten Drittel mindestens sechs kalibergroße, nach vorn gerichtete unverdeckte Bohrungen oder andere gleichwertige Laufveränderungen aufweisen und vor diesen in Richtung der Laufmündung mit einem kalibergroßen, gehärteten Stahlstift dauerhaft verschlossen sein.
3. Der Lauf muß mit dem Gehäuse fest verbunden sein, sofern es sich um Waffen handelt, bei denen der Lauf ohne Anwendung von Werkzeugen ausgetauscht werden kann.
4. Die Schußwaffen dürfen ihrer äußeren Form nach nicht den Anschein einer vollautomatischen Selbstladewaffe, die Kriegswaffe ist, hervorrufen.

Die Änderungen müssen so vorgenommen sein, daß sie nicht mit allgemein gebräuchlichen Werkzeugen rückgängig gemacht und die Gegenstände nicht so geändert werden können, daß aus ihnen Geschosse, Patronen- oder pyrotechnische Munition verschossen werden kann.

Nach § 3 Abs. 2 derselben Verordnung gelten die vorstehenden Bestimmungen nicht für Waffen, die vor dem 1. April 1976 entsprechend den Anforderungen des § 3 der Ersten Verordnung zum Waffengesetz vom 19. Dezember 1972 verändert worden sind.

Was gilt für den Erwerb und Besitz dieser Zier- und Sammlerwaffen?

Der Erwerb und Besitz dieser Waffen ist völlig frei.

Ist der Erwerb und Besitz von 4-mm-Waffen erlaubnispflichtig?

Ja – im Gegensatz zu der ursprünglichen Fassung des gegenwärtigen Waffengesetzes sind jetzt auch die Schußwaffen im Kaliber 4 mm waffenbesitzkartenpflichtig. Anders als bei den übrigen erlaubnispflichtigen Schußwaffen ist jedoch nach § 2 Abs. 5 der 1. WaffV für die Erteilung einer Waffenbesitzkarte für Handfeuerwaffen, deren Geschossen eine Bewegungsenergie von nicht mehr als 7,5 J erteilt wird und die das entsprechende Kennzeichen tragen, das Bedürfnis nicht zu prüfen. Das gilt auch für die Erteilung der Munitionserwerbsgenehmigung für Munition, die für die vorgenannten Waffen bestimmt ist.

Wann dürfen Waffen ge- oder verliehen werden?

Auch das Leihen gilt im Sinne des Waffengesetzes als Erwerben bzw. Überlassen und unterliegt damit den gleichen waffenrechtlichen Bestimmungen wie Kauf, Schenkung usw.

Was ist zu tun, wenn eine Waffe aufgrund einer Waffenbesitzkarte erworben worden ist?

Der Erwerber hat nach § 28 Abs. 7 den Erwerb binnen zwei Wochen der zuständigen Behörde schriftlich anzuzeigen und seine Waffenbesitzkarte zur Eintragung des Erwerbs vorzulegen. Dies gilt nicht für Gutachter usw., denen die Waffenbesitzkarte auf Schußwaffen jeder Art ausgestellt worden ist, wenn die tatsächliche Gewalt über die Schußwaffe nicht länger als drei Monate ausgeübt wird.

Kann eine Waffenbesitzkarte auf mehrere Personen ausgestellt werden?

Ja – nach § 28 Abs. 6 kann eine Waffenbesitzkarte über Schußwaffen, über die mehrere Personen die tatsächliche Gewalt ausüben, auf diese Personen ausgestellt werden.

Wer braucht keine Waffenbesitzkarte beim Erwerb einer Waffe?

Nach § 28 Abs. 4 bedarf einer Waffenbesitzkarte nicht, wer eine Schußwaffe

1. von Todes wegen erwirbt,
2. durch Fund (§ 965 Abs. 1 des BGB) erwirbt, sofern er die Waffe unverzüglich dem Verlierer, dem Eigentümer, einem sonstigen Erwerbsberechtigten oder der für die Entgegennahme der Fundanzeige zuständigen Stelle abliefert,
3. von einem Berechtigten vorübergehend zum Zwecke der sicheren Verwahrung oder der nicht gewerbsmäßigen Beförderung zu einem Berechtigten erwirbt,
4. von einem anderen wiedererwirbt, dem er sie vorübergehend überlassen hat, ohne daß es hierfür einer Eintragung in die Waffenbesitzkarte bedurfte,
5. von einem anderen oder für einen anderen Berechtigten erwirbt, wenn und solange er die Weisungen des anderen über die Ausübung der tatsächlichen Gewalt über die Schußwaffe aufgrund eines gerichtlichen oder behördlichen Auftrags oder eines Arbeitsverhältnisses oder als Beauftragter einer jagdlichen oder schießsportlichen Vereinigung oder einer Vereinigung, bei der es Brauch ist, aus besonderem Anlaß Schußwaffen zu tragen, zu befolgen hat,
6. auf einer Schießstätte lediglich vorübergehend zum Schießen auf der Schießstätte erwirbt.
7. als Inhaber eines Jahresjagdscheines, Tagesjagdscheines oder Jugendjagdscheines erwirbt, sofern es sich um eine Schußwaffe mit einer Länge von mehr als 60 cm handelt, ausgenommen Selbstladewaffen, deren Magazin mehr als zwei Patronen aufnehmen kann,
8. lediglich zur gewerbsmäßigen Beförderung oder gewerbsmäßigen Lagerung erwirbt; der gewerbsmäßigen Beförderung steht die Beförderung durch Eisenbahnen des öffentlichen Verkehrs oder durch die Post gleich,
9. nach dem Abhandenkommen wiedererwirbt,
10. als Gerichtsvollzieher oder Vollziehungsbeamter in einem Vollstreckungsverfahren erwirbt.

In den Fällen der Nr. 1, 7 und 9 hat der Erwerber binnen eines Monats die Ausstellung einer Waffenbesitzkarte oder die Eintragung der Waffe in eine bereits erteilte Waffenbesitzkarte zu beantragen, sofern er die Schußwaffe nicht vorher einem Berechtigten überläßt.

Wie ist die rechtliche Lage, wenn man eine Schußwaffe erbt?

Nach § 28 Abs. 4 Nr. 1 ist der Erwerb von Todes wegen erlaubnisfrei. Der Erwerber hat jedoch binnen eines Monats nach Erwerb die Ausstellung einer Waffenbesitzkarte oder die Eintragung der Waffe in eine bereits erteilte Waffenbesitzkarte zu beantragen, sofern er die Schußwaffe nicht vorher einem Berechtigten überläßt. Die Einmonatsfrist beginnt mit der Annahme des Erwerbs oder mit Ablauf der für die Ausschlagung vorgeschriebenen Frist.

Können bei der Erbschaft von Waffen Schwierigkeiten auftreten?

Beim Erwerb von Waffen und Munition von Todes wegen bzw. bei der Eintragung ererbter Waffen für den Erben können u. U. Probleme auftreten, beispielsweise wenn der Erbe noch minderjährig ist, wenn er andere Voraussetzungen für die Erteilung einer Waffenbesitzkarte nicht erfüllt, wenn die ererbten Waffen nicht in eine Waffenbesitzkarte eingetragen waren, wenn es sich um Waffen oder andere Geräte (z.B. gewisse Nachtzielgeräte) handelt, die dem Kriegswaffenkontrollgesetz unterliegen usw. In allen derartigen Fällen ist zu empfehlen, einen speziell im Waffenrecht erfahrenen Rechtsanwalt einzuschalten oder zumindest zu konsultieren.

Welche Schußwaffen dürfen aufgrund des Jagdscheins erworben werden?

Waffen von mehr als 60 cm Länge (Gewehre), ausgenommen Selbstladewaffen, deren Magazin mehr als zwei Patronen aufnehmen kann, können aufgrund eines gültigen Jagdscheins ohne weitere vorherige waffenrechtliche Genehmigung erworben werden. Der Erwerber muß den Erwerb jedoch innerhalb eines Monats seiner zuständigen Behörde melden und die Waffen in eine auf ihn ausgestellte Waffenbesitzkarte eintragen lassen. Für alle anderen Waffen benötigt ein Jagdscheininhaber die übliche vorherige Erwerbsgenehmigung.

Wem dürfen erlaubnispflichtige Waffen überlassen werden?

Nur Personen, die entweder eine Waffenbesitzkarte mit eingetragener Erwerbsberechtigung für die betreffende Waffe haben oder die aufgrund des Gesetzes keine Waffenbesitzkarte für diesen Erwerb benötigen (s. S. 153, außerdem Büchsenmacher und Waffenhändler).

Darf ein Schußwaffenbesitzer seine Waffe einer anderen Person zur sicheren Verwahrung überlassen?

Ja – nach § 28 Abs. 4 Nr. 3 darf der rechtmäßige Besitzer einer Schußwaffe diese Waffe vorübergehend zum Zwecke der sicheren Verwahrung oder der nicht gewerbsmäßigen Beförderung zu einem Berechtigten einer anderen Person übergeben. Diese Person seines Vertrauens benötigt für die Verwahrung oder Beförderung keine Waffenbesitzkarte. Es empfiehlt sich jedoch, dieser Person eine entsprechende schriftliche Bescheinigung auszustellen.

Was ist nach dem Überlassen einer Waffe zu veranlassen?

Sofern es sich nicht nur um ein vorübergehendes Überlassen auf dem Schießstand, zur sicheren Verwahrung, zur Reparatur o.ä. handelt, müssen – soweit nicht für Waffenhändler, Büchsenmacher, Jagdscheininhaber usw. andere Bestimmungen zutreffen – innerhalb zweier Wochen die Waffenbesitzkarten des Überlassers und des Erwerbers der zuständigen Behörde zwecks entsprechender Eintragungen vorgelegt werden.

Dürfen auch Waffenhändler Eintragungen in eine Waffenbesitzkarte vornehmen?

Ja, erwirbt der Inhaber einer Waffenbesitzkarte mit eingetragener Erwerbsgenehmigung eine Waffe von einem Waffenhändler, Büchsenmacher usw., so hat letzterer nach § 34 Abs. 3 WaffG den Erwerb in die Waffenbesitzkarte einzutragen. Trotzdem ist der Erwerb von dem Waffenbesitzkarteninhaber innerhalb von zwei Wochen der zuständigen Behörde unter Angabe aller in die Waffenbesitzkarte eingetragenen Daten zu melden.

Ist auch der Munitionserwerb erlaubnispflichtig?

Ja – die Erlaubnis wird nach § 29 durch einen Munitionserwerbsschein erteilt, und zwar für eine bestimmte Munitionsart und für die Dauer von fünf Jahren, sie kann jedoch in begründeten Fällen für Munition jeder Art und unbefristet erteilt werden.

Welche Munition darf man erlaubnisfrei erwerben?

Eines Munitionserwerbsscheins bedarf es nicht zum Erwerb von Patronen- oder Kartuschenmunition, die aus Schußwaffen verschossen werden kann, zu deren Erwerb es ihrer Art nach keiner Erlaubnis bedarf (§ 29 Abs. 3).

Kann Munition auf Schießständen frei erworben werden?

Ja – jedoch nur zum sofortigen Verbrauch auf dem Schießstand (§ 29 Abs. 2 Nr. 3). Ohne Nachweis der Berechtigung zum Munitionserwerb darf einem Benutzer der Schießstätte nicht mehr Munition überlassen werden, als dieser nach den gegebenen Umständen sofort, d. h. während des jeweiligen Aufenthaltes auf der Schießstätte, verbrauchen kann (WaffVwV Nr. 29. 2. 4).

Wer benötigt keinen Munitionserwerbsschein?

1. Jagdscheininhaber für Gewehrmunition.
2. Inhaber einer Waffenbesitzkarte, in welche die Erlaubnis zum Munitionserwerb eingetragen ist.
3. Wer die Munition durch Erbschaft, Fund usw. erwirbt, also im wesentlichen unter den gleichen Voraussetzungen, wie ein Waffenerwerb ohne Erlaubnis möglich ist (s. S. 153).

Wem darf erlaubnispflichtige Munition überlassen werden?

Nur Personen, die entweder einen Munitionserwerbsschein für diese Munition beziehungsweise eine entsprechende Eintragung in ihrer Waffenbesitzkarte haben oder die aufgrund des Gesetzes keine derartige Genehmigung benötigen (s. vorstehende Fragen, außerdem Büchsenmacher und Waffenhändler).

Wann müssen waffenrechtliche Genehmigungen versagt werden?

Nach § 30 Abs. 1 des Waffengesetzes

1. wenn der Antragsteller das 18. Lebensjahr noch nicht vollendet hat (hiervon sind jedoch Ausnahmen zulässig),
2. wenn Tatsachen die Annahme rechtfertigen, daß der Antragsteller die erforderliche Zuverlässigkeit (§ 5), Sachkunde (§ 31) oder körperliche Eignung nicht besitzt,
3. wenn ein Bedürfnis (§ 32) nicht nachgewiesen ist.

Wann können waffenrechtliche Genehmigungen versagt werden?

Nach § 30 Abs. 3 des Waffengesetzes

1. wenn der Antragsteller nicht Deutscher im Sinne des Artikels 116 des Grundgesetzes ist,
2. wenn der Antragsteller nicht seit mindestens drei Jahren seinen Wohnsitz oder seinen gewöhnlichen Aufenthalt ununterbrochen in der Bundesrepublik Deutschland einschließlich des Landes Berlin hat.

Wer gilt als nicht zuverlässig im Sinne des Waffengesetzes?

Nach § 5 WaffG besitzen die erforderliche Zuverlässigkeit Personen nicht, wenn Tatsachen die Annahme rechtfertigen, daß sie

1. Waffen oder Munition mißbräuchlich oder leichtfertig verwenden werden,
2. mit Waffen oder Munition nicht vorsichtig und sachgemäß umgehen und diese Gegenstände nicht sorgfältig verwahren werden,
3. Waffen oder Munition Personen überlassen werden, die zur Ausübung der tatsächlichen Gewalt über diese Gegenstände nicht berechtigt sind.

Die erforderliche Zuverlässigkeit besitzen in der Regel Personen nicht, die

1. a) wegen Friedensverrats, Hochverrats, Gefährdung des demokratischen Rechtsstaates, Landesverrats oder Gefährdung der äußeren Sicherheit,
   b) wegen vorsätzlichen Angriffs auf das Leben oder die Gesundheit, Vergewaltigung, Zuhälterei, Land- oder Hausfriedensbruchs, Widerstandes gegen die Staatsgewalt, einer gemeingefährlichen Straftat oder einer Straftat gegen das Eigentum oder das Vermögen,
   c) mindestens zweimal wegen einer im Zustand der Trunkenheit begangenen Straftat,
   d) wegen einer fahrlässigen Straftat im Zusammenhang mit dem Umgang mit Waffen, Munition oder Sprengstoff,
   e) wegen einer Straftat gegen dieses Gesetz, das Bundeswaffengesetz, das Reichswaffengesetz, das Gesetz über die Kontrolle von Kriegswaffen, das Sprengstoffgesetz oder das Bundesjagdgesetz

   rechtkräftig verurteilt worden sind, wenn seit dem Eintritt der Rechtskraft der letzten Verurteilung fünf Jahre noch nicht verstrichen sind. In die Frist wird die Zeit nicht eingerechnet, in welcher der Antragsteller auf behördliche Anordnung in einer Anstalt verwahrt worden ist,
2. wiederholt oder gröblich gegen die Vorschriften eines der in Nummer 1 Buchstabe e genannten Gesetze verstoßen haben,
3. geschäftsunfähig oder in der Geschäftsfähigkeit beschränkt sind,
4. trunksüchtig, rauschmittelsüchtig, geisteskrank oder geistesschwach sind.

Wie ist die Zuverlässigkeit bei schwebenden Verfahren zu beurteilen?

Ist ein Verfahren nach § 5 Abs. 2 Nr. 1 noch nicht abgeschlossen, so kann die zuständige Behörde die Entscheidung über den Antrag auf Erteilung einer Erlaubnis, einer Waffenbesitzkarte oder eines Munitionserwerbscheins bis zum rechtskräftigen Abschluß des Verfahrens aussetzen (§ 5 Abs. 3).

Kann die Behörde die Vorlage eines ärztlichen Zeugnisses verlangen?

Sind Tatsachen bekannt, die Bedenken gegen die Zuverlässigkeit in gesundheitlicher Hinsicht begründen, kann die zuständige Behörde nach § 5 Abs. 4 verlangen, daß der Antragsteller ein amts- oder fachärztliches Zeugnis über seine geistige und körperliche Eignung vorlegt. Nach der WaffVwV Nr. 5.5 soll dies jedoch nur verlangt werden, wenn ernsthafte Zweifel an der Zuverlässigkeit im Sinne von § 5 Abs. 2 Nr. 4 WaffG oder der körperlichen Eignung bestehen.

Wann liegt ein Bedürfnis aus Sicherheitsgründen vor?

Nach § 32 Abs. 1 Nr. 3 liegt ein Bedürfnis insbesondere vor, wenn der Antragsteller glaubhaft macht, wesentlich mehr als die Allgemeinheit durch Angriffe auf Leib oder Leben gefährdet zu sein und der Erwerb von Schußwaffen oder Munition geeignet ist, diese Gefährdung zu mindern.

Wie ist die Bedürfnisfrage für Gewehr-Sportschützen geregelt?

Da nach § 28 Abs. 2 Satz 1 Sportschützen auf Antrag eine unbefristete Erlaubnis erteilt wird, die allgemein zum Erwerb von Einzelladerwaffen mit einer Länge von mehr als 60 cm berechtigt, brauchen Sportschützen für den Erwerb von derartigen Sportgewehren im Einzelfall keinen Bedürfnisnachweis zu führen.

Wie ist die Bedürfnisfrage für Faustfeuerwaffen-Sportschützen geregelt?

Besitzt ein Sportschütze weniger als zwei Faustfeuerwaffen, so braucht er nach § 32 Abs. 2 Nr. 3 ein Bedürfnis für den Erwerb von Faustfeuerwaffen nicht nachzuweisen, wenn er als Mitglied eines Schießsportvereins die Waffe zur Teilnahme an ordentlichen Schießwettbewerben benötigt und er durch eine Bescheinigung des Vereins nachweist, daß er an den Übungsschießen des Vereins mindestens sechs Monate regelmäßig und erfolgreich teilgenommen hat. Besitzt er bereits zwei oder mehr Faustfeuerwaffen, so muß er für jede weitere Faustfeuerwaffe das Bedürfnis nachweisen. Nach der WaffVwV Nr. 32. 2. 2 kann bei Sportschützen das Bedürfnis für den Erwerb einer weiteren Kurzwaffe im allgemeinen anerkannt werden, wenn der Antragsteller durch Vorlage einer Bescheinigung des zuständigen Landessportverbandes nachweist, daß er sich in einer schießsportlichen Vereinigung erfolgreich in bestimmten Schießdisziplinen beteiligt und daß die beantragte Sportwaffe zur Leistungssteigerung in den betreffenden Schießdisziplinen erforderlich ist.

Gilt das Mindestalter auch für den Erwerb erlaubnisfreier Waffen?

Ja! Außer beim Erwerb von Todes wegen, durch Fund usw. (§ 28 Abs. 4 Nr. 1 bis 6, 8 und 9) ist nach § 33 auch für den Erwerb erlaubnisfreier Waffen und Munition ein Mindestalter von 18 Jahren vorgeschrieben. Im Einzelfall kann die Behörde hiervon Ausnahmen genehmigen.

Dürfen Patronen lose verkauft werden?

Gewerbsmäßig darf Munition gemäß § 34 Abs. 1 nur in verschlossenen Packungen überlassen werden. Der Grund für diese Bestimmung ist darin zu sehen, daß oftmals nicht die einzelne Patrone, sondern nur die Originalpackung alle Aufschriften trägt, deren Kenntnis zur Vermeidung unfallträchtiger Verwechslungen notwendig ist.

Worauf hat jeder Waffenbesitzer zu achten?

Nach § 42 WaffG hat jeder, der die tatsächliche Gewalt über Waffen oder Munition ausübt, Vorkehrungen zu treffen, daß diese Gegenstände nicht abhandenkommen oder daß Dritte sie unbefugt an sich nehmen. Dabei ist nicht zuletzt auch an die Verwahrung vor Kindern zu denken. Nach § 42 Abs. 2 kann die zuständige Behörde entsprechende Maßnahmen anordnen.

Was ist bei einem Abhandenkommen zu tun?

Kommen jemandem

1. Schußwaffen, deren Erwerb der Erlaubnis bedarf,
2. Munition, deren Erwerb der Erlaubnis bedarf,
3. Munition für Schußapparate,
4. Erlaubnisurkunden oder Ausnahmebescheide

abhanden, so hat er das binnen einer Woche, nachdem er davon Kenntnis erlangt hat, der zuständigen Behörde anzuzeigen. In den Fällen der Nummern 2 und 3 ist eine solche Anzeige jedoch nur erforderlich, wenn Anhaltspunkte für eine unbefugte Wegnahme vorliegen (§ 43 Abs. 2). Außer einer Benachrichtigung der für Waffenangelegenheiten zuständigen Ordnungsbehörde muß bei Diebstahl usw. eine Anzeige bei der Polizei erfolgen. Im Falle der Nr. 1 ist die Waffenbesitzkarte der zuständigen Behörde zur Berichtigung vorzulegen.

3. Waffensammeln

Ist ein Sammeln von Schußwaffen zulässig?

Ja – der Gesetzgeber hat mit mehreren Bestimmungen des Waffengesetzes das Sammeln von Schußwaffen und Munition ausdrücklich anerkannt.

Welche Genehmigung benötigt ein Waffensammler?

Entweder eine gewöhnliche Waffenbesitzkarte oder eine spezielle Waffenbesitzkarte für Waffensammler (s. S. 148).

Welche Voraussetzungen muß ein Waffensammler für die notwendige Erlaubnis erbringen?

Im Prinzip die gleichen wie jeder andere Antragsteller, d.h. Mindestalter von 18 Jahren, Zuverlässigkeit, Sachkunde, körperliche Eignung und Bedürfnisnachweis.

Wann liegt ein Bedürfnis als Waffensammler vor?

Nach § 32 Abs. 1 Nr. 4 liegt ein Bedürfnis insbesondere vor, wenn der Antragsteller glaubhaft macht, als Waffensammler oder Munitionssammler wissenschaftlich oder technisch tätig zu sein oder durch den Erwerb eine kulturhistorisch bedeutsame Sammlung anzulegen oder zu erweitern, sofern diese gegen unbefugten Zugriff genügend gesichert ist.

Wie präzisiert die WaffVwV vorstehende Bestimmung?

Nach der WaffVwV Nr. 32.4 kann ein Bedürfnis im vorstehenden Sinne insbesondere vorliegen, wenn das Sammeln von Waffen oder Munition mit dem Beruf oder der fachlichen Ausbildung des Antragstellers in Zusammenhang steht oder kulturhistorischen Zwecken dient. Waffensammler, die lediglich Dekorationsstücke erwerben wollen, fallen nicht unter § 32 Abs. 1 Nr. 4 WaffG. Sie sind auf sogenannte Zier- und Sammlerwaffen im Sinne des § 3 der 1. WaffV zu verweisen, die von § 28 Abs. 1 WaffG nicht erfaßt werden (also auf die unbrauchbar gemachten, genehmigungsfreien Waffen). Erstreckt sich die Erlaubnis auf den Erwerb von und die Ausübung der tatsächlichen Gewalt über Kurzwaffen, deren Modell nach dem 1. Januar 1871 entwickelt worden ist oder die zum Verschießen von Munition bestimmt sind, die nach § 25 Abs. 2 WaffG zugelassen ist, oder um Perkussionsrevolver, so sind, wenn der Erlaubnisinhaber über mehr als zehn Waffen die tatsächliche Gewalt ausübt, als Auflage (§ 28 Abs. 1 Satz 5 WaffG) die gleichen Maßnahmen gegen ein Abhandenkommen der Waffen zu fordern, wie sie gewöhnlich dem Inhaber einer Erlaubnis nach § 7 WaffG (Waffenhersteller, Waffenhändler) auferlegt werden.

Wer ist als Sammler anzuerkennen?

Nach der WaffVwV Nr. 32. 4. 1 sind als Sammler Personen anzuerkennen, die zu wissenschaftlichen oder technischen Zwecken die Entwicklung von Waffen oder Munition untersuchen oder eine Sammlung nach einem bestimmten System anlegen oder erweitern wollen.

Wie umschreibt die WaffVwV die »wissenschaftliche Tätigkeit«?

Eine wissenschaftliche Tätigkeit kann sich auf die innerballistischen Untersuchungen – Einfluß des Verbrennungsraumes, der Form und Größe des Patronen- oder Kartuschenlagers, der Reibungsverhältnisse (Übergang, Feld- und Zugdurchmesser), der Laufgestaltung (Gesamtlänge, Drall und besondere Gestaltung, z.B. Konizität) – und/oder auf die außenballistischen Untersuchungen einschließlich der Endballistik (Vorgänge beim Auftreffen der Geschosse) sowie Arbeiten über die Sicherung von Waffen und die Entwicklung konstruktiver Neuerungen beziehen. Als Nachweis für eine solche wissenschaftliche Tätigkeit wird man in der Regel Veröffentlichungen oder sonstige abgeschlossene Arbeiten oder einen anderweitigen Nachweis des Fachwissens auf diesem Gebiet verlangen müssen.

Wie umschreibt die WaffVwV die »technische Tätigkeit«?

Eine technische Tätigkeit liegt dann vor, wenn die mechanischen Abläufe und insbesondere deren Änderungen und Weiterentwicklungen untersucht oder vorangetrieben werden sollen. Hierbei kann es sich u.a. um den Zünd- und den Verschlußmechanismus und bei voll- oder halbautomatischen Waffen um den Auswerf- und Patronenzuführmechanismus handeln. Derartige Tätigkeiten werden von Personen ausgeübt, die entweder von dem erlernten Beruf, vom Militärdienst oder einer Tätigkeit bei einer Organisation (z.B. Schießsportverein) her oder aufgrund eines besonderen Interesses und Fachwissens mit der Herstellung, Instandsetzung und Bearbeitung von Schußwaffen, mit der Untersuchung von Waffenunfällen oder der Erstellung von Gutachten und Expertisen beschäftigt sind oder waren.

Wie umschreibt die WaffVwV die »kulturhistorisch bedeutsame Sammlung«?

Die Anerkennung einer kulturhistorisch bedeutsamen Sammlung setzt voraus, daß Waffen oder Munition von geschichtlich-kultureller Aussagekraft nach einer bestimmten Systematik zusammengefaßt werden sollen. Zu diesem Zweck kann es auch erforderlich sein, Waffen oder Munition zu sammeln, die eine bestimmte Entwicklung beeinflußt oder fortgeführt haben. Die geschichtlich-kulturelle Aussagekraft ist nicht materiell, sondern nach der Bedeutung der Waffen

- aus entwicklungsgeschichtlicher Sicht,
- unter geographisch- oder personenorientiertem Bezug,
- nach konstruktiven Merkmalen oder
- nach verwendungsspezifischen Gesichtspunkten zu bemessen.

Eine Sammlung im Sinne des Gesetzes kann daher Waffen oder Munition umfassen, die

nach rein chronologischen Gesichtspunkten geordnet oder mit Erinnerungen an berühmte Menschen oder an geschichtliche Ereignisse verknüpft sind oder einen exemplarischen Ausweis einer bestimmten Epoche darstellen,

nach dem Zündsystem (z.B. Perkussions-, Randfeuer- oder Zentralfeuerzündung) geordnet sind,

nach dem Verschlußsystem geordnet sind,

nach dem Ladesystem (z.B. Vorder-, Hinter-, Seitenladung) geordnet sind,

nach geographischem Bezug (Verwendungs-, Herstellungsort, -land, -zeit) geordnet sind und sich auf ein einziges Modell oder auf verschiedene Waffenmodelle oder Munitionsarten in ihrer geschichtlichen Entwicklung beziehen (WaffVwV 32.4.2).

Sind auch Waffensammlungen anderer Art zulässig?

Ja – nach der WaffVwV Nr. 32.4.3 sind auch Sammlungen denkbar, die nach anderen Systematisierungsgesichtspunkten aufgebaut sind (z.B. Jagd-, Duell-, Deliktswaffen, Verwendungs-, Beschuß- oder Bodenstempel auf Patronen).
Außer den vorstehenden, in der WaffVwV genannten und ähnlichen Systematisierungsgesichtspunkten kommt es sicherlich auch noch darauf an, ob die Waffen eventuell nur Teil einer andersartigen größeren Sammlung – etwa eines Museums – sind und wie die besondere Interessenlage des Sammlers, z.B. seine forschungsmäßigen oder schriftstellerischen Ambitionen usw., ausgerichtet sind. Hier wird man keine, alle Einzelfälle umfassenden Regeln aufstellen können, weshalb sich auch die WaffVwV ausdrücklich auf eine beispielhafte Aufzählung beschränkt. Das bedeutet aber auch, daß jeder Einzelfall für sich sorgfältig geprüft werden muß.

Dürfen zeitgemäße Waffen Gegenstand einer »kulturhistorisch bedeutsamen« Sammlung sein?

Nein – in der WaffVwV Nr. 32.4.3 heißt es hierzu wörtlich: Zeitgemäße Waffen können nicht Grundlage oder Kernstück einer solchen Sammlung sein, denn sie sind noch Teil unserer Zeitgeschichte, der Gegenwart. Sie können allenfalls eine Sammlung ergänzen.

Welche Waffen gelten als »zeitgemäß«?

Nach der WaffVwV Nr. 32.4.3.1–3 sind als zeitgemäße Waffen anzusehen:
Halbautomatische Waffen mit einer Länge von mehr als 60 cm sowie vollautomatische Waffen.
Handrepetierer mit einer Länge von mehr als 60 cm, wenn sie um das Jahr 1900 entwickelt wurden.
Eine genaue Abgrenzung ist hier nicht möglich und muß daher von Fall zu Fall anhand der gewählten Systematik geprüft werden.
Kurzwaffen, deren Grundmodell um das Jahr 1900 entwickelt wurde.
Auch hier ist eine genaue Abgrenzung nicht möglich und es muß von Fall zu Fall anhand der gewählten Systematik eine Einzelprüfung vorgenommen werden.

Wie ist ein Sammelbereich abzugrenzen?

Nach der WaffVwV Nr. 32.4.4 können Sammelbegriffe wie z.B. »Ordonnanzwaffen«, »Militärwaffen« ohne nähere Abgrenzung als Sammelbereich nicht anerkannt werden. Das angestrebte Sammelgebiet ist also ganz konkret abzugrenzen, es kann nicht beliebig weit gefaßt werden.

Können Replikas Gegenstand einer Sammlung sein?

Nach der WaffVwV Nr. 32.4.5 können Nachbauten, sogenannte Replikas, die sich in ihren Konstruktionsmerkmalen von den Originalen nicht unterscheiden, in beschränktem Umfang als sinnvolle Ergänzung einer vorhandenen kulturhistorisch bedeutsamen Sammlung anerkannt werden, insbesondere wenn Originale nur unter erheblichen Schwierigkeiten erhältlich sind.

Was ist bei Beantragung einer Waffenbesitzkarte durch (zukünftige) Sammler zu bedenken?

Der Gesetzgeber hat im Waffengesetz den Begriff des Waffensammlers ganz fest umrissen und dabei die Waffensammler in drei Kategorien eingeteilt, und zwar in diejenigen, die »wissenschaftlich tätig« sind, die »technisch tätig« sind oder die eine »kulturhistorisch bedeutsame Sammlung« anlegen oder erweitern wollen. Nur wenn seitens des Antragstellers eines dieser drei Kriterien erfüllt wird, ist die Anerkennung eines Bedürfnisses als Waffensammler möglich. Wer Waffen sammeln und die dafür (bei genehmigungspflichtigen Waffen) notwendige Erlaubnis beantragen möchte, sollte sich also vorher genauestens überlegen, in welche der drei Kategorien er einzuordnen ist, d.h. welche Begründung er in seinem Antrag angeben will.
Während die Begriffe »wissenschaftlich tätig« und »technisch tätig« in Verbindung mit Waffen oder Munition hinlänglich klar sind, wird der Begriff »kulturhistorisch bedeutsame Sammlung« häufig falsch interpretiert. Zweifellos kann man ihn nicht in detaillierten, in allen Punkten exakt gefaßten Regeln formulieren. Auch die vorstehend zitierte Aufzählung der WaffVwV ist keineswegs vollzählig. Aus der Praxis des Verfassers in einem Ausschuß der Innenbehörde Hamburg für die Anerkennung von Waffensammlern sei jedoch gesagt, daß einerseits die Betonung auf allen drei Wörtern »kulturhistorisch«, »bedeutsam« und »Sammlung« liegen muß, andererseits alle drei Bedingungen erfüllt sein müssen.
Zunächst muß es sich um eine – zu erweiternde oder auch erst anzulegende – Sammlung handeln. Dabei kommt es weniger auf die Zahl der vorhandenen oder zu erwerbenden Stücke an, als vielmehr darauf, daß es sich – im Gegensatz zur bloßen Ansammlung – um eine echte Sammlung nach ganz bestimmten Gesichtspunkten (z.B. Blank- und Schußwaffen der preußischen Armee, Ausrüstung und Waffen der britischen Kolonialtruppen, internationale Entwicklung der Großwildbüchsen o.ä.) handelt, die in sich nach einem logisch aufgebauten und konsequent verwirklichten System angelegt ist. Eine unsystematische Ansammlung von Waffen oder Munition erfüllt nicht die Merkmale einer Sammlung.
Eine nach solchen Gesichtspunkten aufgebaute Sammlung muß nun »kulturhistorisch bedeutsam« sein. Das wäre sie zweifellos nicht, wenn sie nur oder zu einem größeren Anteil Originalwaffen oder gar Nachbauten enthalten würde, die heute in großen Mengen billig auf dem Gebrauchtwaffenmarkt angeboten werden. Was im

Handel als billiger Ramsch erhältlich ist, kann nicht kulturhistorische Bedeutsamkeit beanspruchen. Zwar können einzelne solcher Stücke zur Auffüllung von Lücken in der Sammlung verwandt werden. Im wesentlichen muß eine Sammlung, die den Anspruch auf kulturhistorische Bedeutsamkeit beansprucht, aber schon aus Waffen bestehen, die zumindest original sind und auch als Einzelstücke einen gewissen Sammlerwert haben.
Anlage und Ausbau einer solchen Sammlung setzen nennenswerte Sachkenntnisse hinsichtlich des bezogenen Themas, Kenntnis der einschlägigen Fachliteratur, einschlägiger Museen, berühmter Privatsammlungen usw. voraus, kurz gesagt eine eingehende gedankliche Beschäftigung mit dem thematischen Inhalt der Sammlung sowie mit dem jeweiligen historischen oder sachlichen Hintergrund, also – um bei den drei angeführten Beispielen zu bleiben – genügende Kenntnisse über die Geschichte der preußischen Armee, über die Geschichte der britischen Kolonialkriege und die betroffenen Länder, über die internationale Entwicklung der Großwildjagd und ihrer biolgischen, wirtschaftlichen, kulturellen und sonstigen Aspekte.

Wie weit müssen Waffensammlungen der Öffentlichkeit zugänglich gemacht werden?

In einem Grundsatzurteil stellt das Oberverwaltungsgericht Lüneburg zur Anerkennung des Waffensammelns fest: »Zweck und Ziel ... müssen ... über die ... Absicht hinausgehen, bereits bekannte Tatsachen und Zusammenhänge durch die eigene Anschauung zu bestätigen, um damit ein individuelles Interesse zu befriedigen. Das setzt unter anderem die Bereitschaft voraus, die gewonnenen Erkenntnisse der interessierten Öffentlichkeit zugänglich zu machen.« Das Gericht stellt deutlich auf ein Gemeinschaftsinteresse ab. Nach Ansicht einschlägig versierter Experten bedeutet dies nicht, daß nun aus jeder Waffensammlung ein Privatmuseum gemacht werden muß, zu dem jeder auf der Straße Vorübergehende Zutritt hat. In dem zitierten Wortlaut ist einerseits von den »gewonnenen Erkenntnissen«, andererseits von der »interessierten Öffentlichkeit« die Rede. Der Forderung des Gerichts dürfte vollauf Genüge getan sein, wenn anderen ernsthaften Waffensammlern, Fachinstituten, Fachbehörden, Waffen- oder Schießexperten, Gerichtsgutachtern, Fachschriftstellern o.ä. durch gelegentliche Einblicke in die Sammlung Unterstützung gewährt oder wenn aus der Sammlung gezogene wissenschaftliche Erkenntnisse in der einschlägigen Fachliteratur in größerem Maße veröffentlicht werden. Zusammenfassend heißt es in dem Urteil: »Den Schutz des § 32 Abs. 1 Nr. 4 WaffG genießt ... nur ein Sammelinteresse, das über den Rahmen einer privaten Liebhaberei hinausgeht und zur Schaffung oder Vervollkommnung von Sammlungen eingesetzt wird, denen unter einem kulturhistorischen Blickwinkel allgemeines, mindestens aber fachgebundenes Interesse entgegengebracht wird.«

Welche Auflage können Waffensammlern gemacht werden?

Außer den Auflagen, die jedem Inhaber einer Waffenbesitzkarte zur Abwehr von Gefahren für die öffentliche Sicherheit gemacht werden können (s. S. 146), ist nach § 28 Abs. 2 Satz 4 die Erteilung einer speziellen Waffenbesitzkarte für Waffensammler mit der Auflage zu verbinden, mindestens einmal jährlich der zuständigen Behörde eine Aufstellung über den Bestand an Schußwaffen vorzulegen.

4. Waffenführen

Was ist Waffenführen?

Im Sinne des Waffengesetzes führt eine Waffe, wer die tatsächliche Gewalt über sie außerhalb seiner Wohnung, seiner Geschäftsräume oder seines befriedeten Besitztums ausübt (§ 4 Abs. 4). Dabei spielt es keine Rolle, ob die Waffe geladen ist oder nicht oder ob überhaupt Munition mitgeführt wird. Der Tatbestand des Waffenführens ist also auch dann gegeben, wenn jemand außerhalb seiner Wohn- und Geschäftsräume bzw. seines befriedeten Besitztums eine Schußwaffe ohne Munition bei sich hat. Andererseits gilt es nicht als Waffenführen, wenn z.B. jemand in seiner Wohnung eine geladene Schußwaffe am Körper trägt oder zugriffsbereit liegen hat.

Welches Papier benötigt man zum Waffenführen?

Den Waffenschein. Dieser wird nach § 35 für bestimmte Waffen auf höchstens drei Jahre erteilt, kann nach Ablauf jedoch verlängert oder neu erteilt werden. Die Geltungsdauer ist kürzer zu bemessen, wenn nur ein vorübergehendes Bedürfnis nachgewiesen wird. Außer dem Waffenschein muß ein Personalausweis oder Paß mitgeführt werden.

Kann der Geltungsbereich des Waffenscheins beschränkt werden?

Ja. Nach § 35 Abs. 2 Satz 2 ist der Geltungsbereich des Waffenscheins auf bestimmte Anlässe oder Gebiete zu beschränken, wenn ein darüber hinausgehendes Bedürfnis nicht nachgewiesen wird.

Kann die Waffenscheinerteilung mit Auflagen verbunden werden

Ja – nach § 35 Abs. 2 Satz 3 kann der Waffenschein zur Abwehr von Gefahr für Leben, Gesundheit oder Sachgüter sowie für die öffentliche Sicherheit mit Auflagen, insbesondere über das Führen der Schußwaffe, verbunden werden; nachträgliche Auflagen sind zulässig.

Kann ein Waffenschein für mehrere Personen ausgestellt werden?

Ja – nach § 35 Abs. 3 kann ein Waffenschein mit dem Zusatz ausgestellt werden, daß er auch für andere zuverlässige, sachkundige und körperlich geeignete Personen gilt, die aufgrund eines Arbeitsverhältnisses die Schußwaffe nach den Weisungen des Erlaubnisinhabers zu führen haben. Solche Waffenscheine sind mit der Auflage zu erteilen, daß der Erlaubnisinhaber die Personen, die die Schußwaffe führen sollen, der zuständigen Behörde vorher benennt.

Wer benötigt keinen Waffenschein?

Von der Waffenscheinpflicht gibt es einige Ausnahmen. Außer den ohnehin von den waffenrechtlichen Vorschriften weitgehend freigestellten Angehörigen der Bundes- und Landesbehörden benötigt nach § 35 Abs. 4 keinen Waffenschein, wer

1. Schreckschuß-, Reizstoff- oder Signalwaffen, die das PTB-Zulassungszeichen tragen, oder Schußapparate führt,
2. sonstige Schußwaffen
   a) zur befugten Jagdausübung, zum Jagdschutz oder Forstschutz oder im Zusammenhang damit führt,
   b) mit Zustimmung eines anderen in dessen Wohnung, Geschäftsräumen oder befriedetem Besitztum oder in dessen Schießstätte führt,
   c) nicht schußbereit und nicht zugriffsbereit lediglich von einem Ort an einen anderen verbringt, sofern er an beiden Orten keines Waffenscheins bedarf,
   d) eine besondere Erlaubnis nach dem Versammlungsgesetz oder nach § 39 WaffG besitzt.

Was ist »schußbereit«?

Im Sinne des Gesetzes hat eine Waffe als schußbereit zu gelten, wenn sie geladen ist, auch dann, wenn sie gesichert oder nicht gespannt ist.

Was ist »zugriffsbereit«?

Als »zugriffsbereit« im Sinne des Gesetzes gilt eine Waffe, wenn sie mit wenigen schnellen Handgriffen in Anschlag gebracht werden kann, also beispielsweise eine Pistole, die in einer Tasche der Bekleidung, im Hosenbund oder in einem Holster getragen oder im nicht verschlossenen Handschuhfach des Autos aufgewahrt wird. Nicht zugriffsbereit dagegen ist die Waffe, wenn sie im abgeschlossenen Handschuhfach, in einer verschlossenen Aktentasche, in einem speziellen Pistolenkoffer o.ä. transportiert wird oder wenn sie im allgemeinen Gepäck verstaut ist.

Welche Voraussetzungen sind für die Erteilung eines Waffenscheins nötig?

Im Prinzip die gleichen wie bei den anderen waffenrechtlichen Genehmigungen: Mindestalter 18 Jahre, Zuverlässigkeit, Bedürfnis, Sachkunde usw. Außerdem ist nach § 36 Abs. 1 für die Erteilung eines Waffenscheins Voraussetzung der Abschluß einer Haftpflichtversicherung über 500 000 DM für Personenschäden und 50 000 DM für Sachschäden.

Dürfen Waffen an Bord von Schiffen und Flugzeugen mitgenommen werden?

Nur mit besonderer Genehmigung, die für Schiffe der Kapitän, für Flugzeuge die für die Luftfahrt zuständigen Behörden erteilen können. Die gleichen Regelungen gelten auch für Munition.

Dürfen bei öffentlichen Veranstaltungen Waffen geführt werden?

Nach § 2 Abs. 3 des Versammlungsgesetzes vom 24. Juli 1953 dürfen bei »Versammlungen und Aufzügen« im Sinne dieses Gesetzes keine Waffen mitgeführt werden, es sei denn, daß eine besondere behördliche Ermächtigung hierzu vorliegt. Darüber hinaus verbietet § 39 WaffG das Führen von Schuß-, Hieb- oder Stoßwaffen bei öffentlichen Veranstaltungen, insbesondere bei Volksfesten und öffentlichen Vergnügungen. Dieses Verbot geht also über die Versammlungen und Aufzüge im Sinne des Versammlungsgesetzes hinaus und bezieht sich beispielsweise auch auf Schützenfeste, Jahrmärkte usw. und ist deshalb u.a. ganz besonders auch von Schützenvereinen zu beachten. Auch nach dem Waffengesetz können Ausnahmen von dem genannten Verbot genehmigt werden.

Dürfen Waffenscheininhaber auf öffenlichen Veranstaltungen Waffen führen?

Die vorstehend genannten Verbote gelten auch für Waffenscheininhaber! Auch sie benötigen also, wenn sie auf öffentlichen Veranstaltungen Waffen führen wollen, eine entsprechende Sondergenehmigung nach dem Versammlungsgesetz oder nach § 39 WaffG. Solche Sondergenehmigungen kommen beispielsweise in Frage für zivile Leibwächter von gefährdeten Personen bei öffentlichen Vorträgen oder für historische Schützenvereinigungen bei Festumzügen. Dabei ist im Einzelfall zu beachten, ob die Waffen geladen sein dürfen oder ob überhaupt Munition mitgeführt werden darf. Gegebenenfalls sind alle derartigen Gesichtspunkte mit der jeweils zuständigen Erlaubnisbehörde zu erörtern.

Benötigen Inhaber einer Sondergenehmigung einen Waffenschein?

Nein – wer eine diesbezügliche Sondergenehmigung nach dem Versammlungsgesetz oder nach § 39 WaffG besitzt, benötigt gemäß § 35 Abs. 4 WaffG keinen Waffenschein. Er darf dann allerdings die Waffen nur in dem meist sehr eng begrenzten Rahmen der Sondergenehmigung führen. Sollen die Waffen (z. B. von Leibwächtern) nicht nur auf diesen Veranstaltungen sondern auch sonst geführt werden, sind also Sondergenehmigung und Waffenschein erforderlich!

5. Herstellung, Handel, Einfuhr

Bedürfen Waffenherstellung und Waffenhandel einer besonderen Erlaubnis?

Ja. Dabei ist zwischen einer gewerbsmäßigen und einer nichtgewerbsmäßigen Waffenherstellung zu unterscheiden.
Wer gewerbsmäßig oder selbständig im Rahmen einer wirtschaftlichen Unternehmung Schußwaffen oder Munition

1. herstellen, bearbeiten oder instandsetzen will (Waffenherstellung),
2. ankaufen, vertreiben (feilhalten, Bestellungen entgegennehmen oder aufsuchen), anderen überlassen oder den Erwerb, den Vertrieb oder das Überlassen solcher Gegenstände vermitteln will (Waffenhandel),

bedarf der Erlaubnis der zuständigen Behörde nach § 7 ff.
Für die nichtgewerbsmäßige Waffenherstellung ist ebenfalls eine behördliche Erlaubnis notwendig, die nach § 41 erteilt wird. Sie ist auf höchstens drei Jahre zu befristen und auf eine bestimmte Zahl und Art von Schußwaffen zu beschränken. Außerdem kann sie mit besonderen Auflagen verbunden werden.

Ist das Wiederladen von Patronenhülsen erlaubnispflichtig?

Nur dann, wenn es gewerbsmäßig geschieht. Für das nichtgewerbsmäßige Wiederladen von Patronenhülsen bedarf es keiner Erlaubnis nach dem Waffengesetz. Es sind jedoch die Vorschriften (u.a. Sprengstofferlaubnisschein) des Sprengstoffgesetzes zu beachten.

Was gilt als Bearbeiten oder Instandsetzen von Waffen?

Nach § 7 Abs. 2 wird eine Schußwaffe insbesondere dann bearbeitet oder instandgesetzt, wenn sie verkürzt, in der Schußfolge verändert oder so geändert wird, daß andere Munition oder andere Geschosse aus ihr verschossen werden können, oder wenn wesentliche Teile ausgewechselt werden. Eine Schußwaffe wird jedoch weder bearbeitet noch instandgesetzt, wenn lediglich geringfügige Änderungen, insbesondere am Schaft oder an der Zieleinrichtung, vorgenommen werden. Auch die üblichen Reinigungs- und Wartungsarbeiten sind selbstverständlich nicht genehmigungspflichtig.

Darf man Schußwaffen und Munition einführen?

Wer Schußwaffen oder Munition, zu deren Erwerb es der Erlaubnis bedarf, einführen will, muß nach § 27 seine Berechtigung zum Erwerb der Schußwaffen oder Munition oder zum Besitz der Schußwaffen nachweisen, z.B. durch Vorlage der Waffenbesitzkarte oder des Munitionserwerbsscheins.

Was ist bei Auslandsreisen mit Waffen zu beachten?

Auch alle anderen Länder haben waffenrechtliche Bestimmungen, die jedoch oftmals beträchtlich von unseren abweichen. Hinsichtlich der Mitnahme von Jagd- und Sportwaffen verfahren die meisten Länder sehr großzügig. Um sich Ärger zu ersparen, sollte man sich vorsichtshalber bei einem Konsulat des Ziellandes informieren. Es empfiehlt sich, derartige Erkundigungen so früh einzuholen, daß man gegebenenfalls notwendige Einfuhrgenehmigungen noch rechtzeitig beantragen kann. Auch sollte man zwecks Vermeidung von Mißverständnissen schon bei der ersten Anfrage Zahl und Art der mitzunehmenden Waffen und Patronen, den Zweck der Reise (Jagd, Schießsportwettkampf o.ä.) sowie Zeitpunkt und Dauer des Aufenthaltes im Zielland angeben. Gleiche Informationen sollte man auch bezüglich eventueller Durchreiseländer einholen.

Welche Papiere benötigt man für die Wiedereinfuhr eigener Waffen?

Für die Wiedereinfuhr von Waffen, die man auf einer Auslandsreise mitführte, die nach einer Reparatur bei der ausländischen Herstellerfirma zurückgesandt werden usw. genügt die Vorlage der Waffenbesitzkarte.

6. Verbotene Gegenstände

Welche Schußwaffen sind generell verboten?

Nach § 37 Abs. 1 ist es verboten, Schußwaffen herzustellen, zu bearbeiten, instandzusetzen, zu erwerben, zu vertreiben, anderen zu überlassen, einzuführen sonst in den Geltungsbereich des Waffengesetzes zu verbringen oder sonst die tatsächliche Gewalt über sie auszuüben, die

a) über den für Jagd- und Sportzwecke allgemein üblichen Umfang hinaus zusammengeklappt, zusammengeschoben, verkürzt oder schnell zerlegt werden können,
b) eine Länge von mehr als 60 cm haben und zerlegbar sind, deren längster Waffenteil kürzer als 60 cm ist und die zum Verschießen von Randfeuerpatronen bestimmt sind,
c) ihrer Form nach geeignet sind, einen anderen Gegenstand vorzutäuschen oder die mit Gegenständen des täglichen Gebrauchs verkleidet sind,
d) vollautomatische Selbstladewaffen sind,
e) ihrer äußeren Form nach den Anschein einer vollautomatischen Selbstladewaffe hervorrufen, die Kriegswaffe im Sinne des Gesetzes über die Kontrolle von Kriegswaffen ist.

Welche Geschosse sind generell verboten?

Nach § 8 Abs. 1 der 1. WaffV in der Fassung von § 22 Nr. 2 der 3. WaffV ist verboten die Herstellung, der Erwerb, der Vertrieb, das Überlassen, das Einführen usw. sowie der Besitz von

1. Nadelgeschossen, die für Schußwaffen – ausgenommen Schußapparate – bestimmt sind und bei denen der Durchmesser des zylindrischen Teils nicht mehr als 3 mm beträgt und die Geschoßlänge das Zehnfache des Durchmessers des zylindrischen Teils übersteigt; bei ummantelten Geschossen gilt als Durchmesser derjenige des Kerns.
2. Revolver- und Pistolenmunition (Tabellen 8a und 8b der Anlage III zur 3. WaffV) mit
   a) Hohlspitzgeschossen,
   b) Teilmantelgeschossen mit Sollbruchstellen sowie Geschosse für solche Munition.

Dieses Verbot gilt nicht für Gegenstände, die bereits vor dem 1. Januar 1969 im Geltungsbereich des Gesetzes vertrieben worden sind.

Als Hohlspitzgeschosse im Sinne der vorstehenden Bestimmung gelten nicht

1. Vollgeschosse, die einen flachen Kopf haben und in der Kopffläche nicht mehr als 2 mm eingewölbt sind,
2. Vollgeschosse, die einen flachen Kopf haben und mit einer Haube abgedeckt und in der Kopffläche nicht mehr als 2 mm eingewölbt sind,
3. Geschosse, die mit einer Haube abgedeckt sind, eine durchgehende achsiale Bohrung von höchstens 2 mm Durchmesser haben und in der Kopffläche nicht mehr als 2 mm eingewölbt sind.

Nach der ersten Verordnung zur Änderung der ersten Verordnung zum Waffengesetz vom 5. November 1978 ist außerdem Patronenmunition für Schußwaffen mit gezogenen Läufen verboten, deren Geschosse

a) im Durchmesser kleiner sind als die Felddurchmesser der dazugehörigen Schußwaffe und
b) die mit einer Treib- und Führungshülse umgeben sind, die sich nach Verlassen des Laufes vom Geschoß trennt.

Welche Zielgeräte sind generell verboten?

Nach § 37 Abs. 1 Nr. 2 und 3 sind für Schußwaffen bestimmte Vorrichtungen verboten, die zum Anleuchten oder Anstrahlen des Zieles oder der Beleuchtung der Zieleinrichtung dienen, sowie Nachtzielgeräte, die einen Bildwandler (Infrarotzielgeräte) oder eine elektronische Verstärkung (Restlichtaufheller) besitzen.

Welche sonstigen Gegenstände sind nach dem Waffengesetz verboten?

- Hieb- und Stoßwaffen, die ihrer Form nach geeignet sind, einen anderen Gegenstand vorzutäuschen, oder die mit Gegenständen des täglichen Gebrauchs verkleidet sind, z.B. Stockdegen usw.,
- Spring- und Fallmesser mit einer Klingenlänge von mehr als 8,5 cm oder sehr schmaler, beiderseits geschliffener Klinge (Stilett),
- Stahlruten, Totschläger und Schlagringe,
- Molotow-Cocktails,
- Nachbildungen von vollautomatischen Kriegswaffen,
- Gegenstände, die nach ihrer Beschaffenheit und Handhabung dazu bestimmt sind, durch Würgen die Gesundheit zu beschädigen,
- Präzisionsschleudern sowie Armstützen und vergleichbare Vorrichtungen für diese Geräte.

Gibt es Sondergenehmigungen für Erwerb und Besitz verbotener Gegenstände?

Ja, nach § 37 Abs. 3 kann das Bundeskriminalamt solche Ausnahmegenehmigungen erteilen.

7. Schießen

Was sind Schießstätten?

Schießstätten sind ortsfeste oder ortsveränderliche Anlagen, die ausschließlich oder neben anderen Zwecken dem Schießsport oder sonstigen Schießübungen mit Schußwaffen, der Erprobung von Schußwaffen oder dem Schießen mit Schußwaffen zur Belustigung dienen (§ 44). Sie dürfen nur in Betrieb genommen werden, wenn sie behördlich zugelassen worden sind. Die ortsfesten Schießstätten (Schießstände) sind in Deutschland weit überwiegend im Besitz von Behörden (Polizei, Bundeswehr usw.) oder von jagdlichen oder schießsportlichen Vereinigungen. Einige weitere Schießstände sind im Besitz von Waffenhersteller- oder Waffenhandelsfirmen. Grundsätzlich kann jedoch auch jede Privatperson einen Schießstand betreiben, sofern die Voraussetzungen erfüllt und die notwendigen Genehmigungen erteilt werden.

Ist auf Schießständen eine Aufsicht erforderlich?

Nach § 34 der 1. WaffV hat der Inhaber der Schießstanderlaubnis eine oder mehrere volljährige, verantwortliche Aufsichtspersonen für das Schießen zu bestellen, soweit er nicht selbst die Aufsicht wahrnimmt oder eine schießsportliche oder jagdliche Vereinigung durch eigene verantwortliche Aufsichtspersonen die Aufsicht übernimmt. Die Personalien dieser verantwortlichen Aufsichtspersonen sind zwei Wochen vor der Übernahme der Aufsicht der zuständigen Behörde schriftlich anzuzeigen. Der Anzeige sind Nachweise beizufügen, aus denen hervorgeht, daß die Aufsichtsperson die erforderliche Sachkunde besitzt. Das Ausscheiden der angezeigten Aufsichtsperson oder die Bestellung einer neuen Aufsichtsperson ist der zuständigen Behörde unverzüglich anzuzeigen.

Gibt es ein Mindestalter für das Schießen auf Schießständen?

Nach § 36 der 1. WaffV darf Kindern unter zwölf Jahren das Schießen mit Schußwaffen in Schießstätten nicht gestattet werden. Kinder zwischen zwölf und vierzehn Jahren dürfen mit Luftdruck-, Federdruck- und CO_2-Waffen, Jugendliche zwischen vierzehn und sechzehn Jahren auch mit sonstigen Schußwaffen schießen, wenn der Sorgeberechtigte schriftlich sein Einverständnis erklärt hat oder beim Schießen anwesend ist. Die zuständige Behörde kann aus besonderen Gründen Ausnahmen von dem Alterserfordernis zulassen.

Gibt es besondere Vorschriften für die Ausbildung im Verteidigungsschießen?

Für die Ausbildung in der kampfmäßigen Verteidigung mit Schußwaffen sowie für Schießübungen dieser Art (auch als Combat-Schießen bekannt) gelten besondere Vorschriften, die in den §§ 38–41 der 1. WaffV niedergelegt sind. Danach müssen sowohl derartige Veranstaltungen als auch Veranstalter, Ausbilder und Teilnehmer bestimmte Voraussetzungen erfüllen und mit vorgeschriebenen Angaben der zuständigen Behörde zwei Wochen vor Beginn gemeldet werden. Teilnehmer dürfen im wesentlichen nur Personen sein, die zum Führen von Faustfeuerwaffen berechtigt sind. Interessenten sollten unbedingt die genauen diesbezüglichen Vorschriften nachlesen.

Benötigt man zum Schießen außerhalb von Schießständen eine Erlaubnis?

Von gewissen Ausnahmen abgesehen, benötigt man eine besondere Schießerlaubnis, wenn man außerhalb einer behördlich zugelassenen Schießstätte schießen will (§ 45 Abs. 1 bis 5).

Wann benötigt man keine besondere Schießerlaubnis?

Nach § 45 Abs. 6 benötigt man keine besondere Schießerlaubnis

1. für das Schießen mit Schußapparaten,
2. für das Schießen mit Schußwaffen, wenn die Bewegungsenergie des Geschosses nicht mehr als 7,5 J beträgt oder deren Bauart nach § 21 Abs. 1 Satz 1 Nr. 1 zugelassen ist, mit Randfeuerschrotpatronen mit einem Durchmesser bis 9 mm sowie mit Schußwaffen, aus denen nur Kartuschenmunition verschossen werden kann, im befriedeten Besitztum, wenn die Geschosse dieses nicht verlassen können,
3. in den Fällen der Notwehr und des Notstandes,
4. für das Schießen mit Signalwaffen zur Gefahrenabwehr und bei Rettungsübungen,
5. bei der befugten Jagdausübung einschließlich des Anschießens von Jagdwaffen im Revier sowie beim Jagd- und Forstschutz,
6. bei Theateraufführungen und diesen gleichzuachtenden Vorführungen, wenn zu diesem Zweck nur mit Kartuschenmunition geschossen wird,
7. für die Abgabe von Startzeichen mit Kartuschenmunition im Auftrage der Veranstalter.

Darf man mit Signalpistolen Silvester schießen?

Nein! – Außer zur Gefahrenabwehr und bei Rettungsübungen darf auch mit Signalwaffen nur bei Vorliegen einer entsprechenden Schießerlaubnis geschossen werden!

Auf welche Tiere darf man im Garten schießen?

Ist eine Schießerlaubnis zum Zwecke der »Schädlingsbekämpfung« in einem Garten, einem Park, einem Friedhof o.ä. erteilt worden, so dürfen trotzdem keineswegs alle Tiere geschossen werden, insbesondere nicht diejenigen, die unter Naturschutz stehen. Bei den sog. jagdbaren Tieren, also bei den Tieren, die vom Bundesjagdgesetz erfaßt werden, sind außerdem die Bestimmungen des Bundesjagdgesetzes und des jeweiligen Landesjagdgesetzes zu beachten. Die allermeisten jagdbaren Tiere sind entweder ganzjährig geschützt oder dürfen nur von dem örtlichen Jagdausübungsberechtigten oder seinem Beauftragten verfolgt und erlegt werden. Hinsichtlich der anderen jagdbaren Tiere – zu denen z.B. auch Wildkaninchen, Füchse, Marder u.a. gehören – sollte man sich unbedingt über die in dem jeweiligen Bundesland gültigen Vorschriften orientieren, um nicht gegen die Jagdgesetze zu verstoßen und infolgedessen u.U. auch die waffenrechtlichen Genehmigungen zu verlieren.

Woran erkennt man, ob eine Waffe zum Schießen zugelassen ist?

Eine Waffe, die nach den deutschen gesetzlichen Vorschriften oder nach den internationalen Übereinkommen auf Sicherheit geprüft und zum Schießen zugelassen ist, trägt – je nach Art der Waffe beziehungsweise der Munition – die vorgeschriebenen Prüf- bzw. Beschußzeichen. Diese sind nicht immer auf den ersten Blick äußerlich sichtbar. Bei Kipplaufwaffen muß man beispielsweise oft erst die Läufe abkippen oder gar abnehmen, um die Beschußzeichen sehen zu können. Doch auch dann, wenn dies einen gewissen Aufwand erfordert, sollte man eine unbekannte Waffe vor dem Schießen daraufhin überprüfen, ob sie die vorgeschriebenen Beschußzeichen trägt. Abgesehen davon, daß das Waffengesetz ein Schießen nur mit solchen geprüften Waffen erlaubt, sollte man sich auch aus Gründen der eigenen Sicherheit streng daran halten.

Was versteht man unter Beschuß?

Beschuß im Sinne des Waffengesetzes ist die in diesem Gesetz vorgeschriebene Einzelprüfung von Schußwaffen. Jede Einzelne, diesem Beschuß unterliegende Waffe wird zunächst daraufhin untersucht, ob sie – insbesondere hinsichtlich der Lauf- und Lagermaße, der Verschlußeinrichtung, der Sicherung usw. – den gesetzlichen Vorschriften entspricht. Sodann werden aus dieser Waffe ein oder mehrere Schüsse mit spezieller Beschußmunition, die einen wesentlich höheren Gasdruck erzeugt als die gesetzlich zugelassene Gebrauchsmunition, abgegeben. Erst wenn die Waffe diese beiden Prüfungen anstandslos bestanden hat, erhält sie zum Zeichen dessen die entsprechenden Beschußzeichen. Schußpräzision usw. werden nicht begutachtet. Es handelt sich also um eine reine Sicherheitsüberprüfung: Haltbarkeit, Handhabungssicherheit, Maßhaltigkeit.

Unterliegen alle Waffen dem Einzelbeschuß?

Nein – eine Reihe schwächerer Waffen sowie Schußapparate sind von der Beschußpflicht ausgenommen. Sie müssen jedoch – wie auch pyrotechnische Munition – besondere Zulassungszeichen tragen, die nachstehend wiedergegeben werden.

Kennzeichen für Schußwaffen, deren Geschossen eine Bewegungsenergie von nicht mehr als 7,5 J erteilt wird (§ 13 Abs. 2 des Gesetzes)

Zulassungszeichen für Handfeuerwaffen und Einsteckläufe nach § 21 des Gesetzes

Zulassungszeichen für Schreckschuß-, Reizstoff- und Signalwaffen nach § 22 des Gesetzes

Zulassungszeichen für pyrotechnische Munition nach § 23 des Gesetzes

Prüfzeichen nach § 16 Abs. 2 für Schußapparate. Die Zahl im kleinen Quadrat bezeichnet die zwei letzten Ziffern der Jahreszahl, die Zahl in einer der Ecken des großen Quadrats das Quartal.

Wer führt den Beschuß durch?

Den gesetzlich vorgeschriebenen Beschuß führen staatliche Beschußämter durch. Damit späterhin zu erkennen ist, welches Beschußamt diesen Beschuß durchgeführt hat, schlagen die Beschußämter jeweils ihr Ortszeichen neben die eigentlichen Beschußzeichen. Die heutigen Zeichen der Beschußämter der Bundesrepublik Deutschland sind nachstehend wiedergegeben.

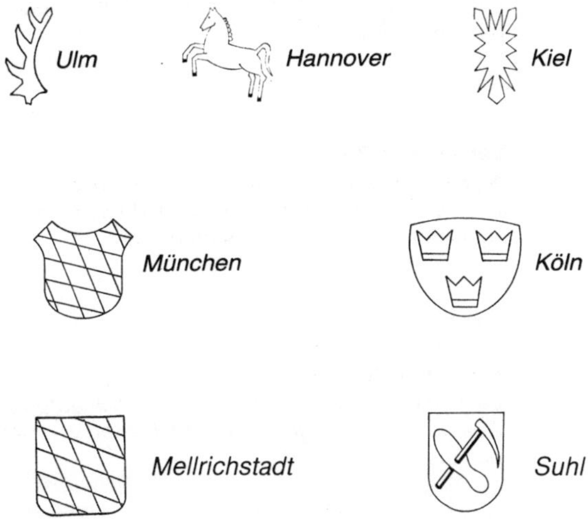

Wie sehen die Beschußzeichen der Bundesrepublik Deutschland aus?

Die gegenwärtig gültigen Beschußzeichen der Bundesrepublik Deutschland werden – unter Angabe ihrer jeweiligen Bedeutung – nachstehend wiedergegeben.

N

Normaler Beschuß
bei Handfeuerwaffen, Böllern, Einsteckläufen oder Austauschläufen, die zum Verschießen von Munition mit Nitropulver mit normalem Gebrauchsgasdruck bestimmt sind

V

Verstärkter Beschuß
bei Handfeuerwaffen, Einsteckläufen oder Austauschläufen, die zum Verschießen von Munition mit überhöhtem Gasdruck bestimmt sind

SP

Normaler Beschuß
bei Handfeuerwaffen, Böllern, Einsteckläufen oder Austauschläufen, die zum Verschießen von Schwarzpulver bestimmt sind

L

Normaler Beschuß
bei Handfeuerwaffen, Böllern, Einsteckläufen oder Austauschläufen, bei denen zum Antrieb ein entzündbares flüssiges oder gasförmiges Gemisch oder eine Treibladung verwendet wird

J

Instandsetzungsbeschuß
bei Handfeuerwaffen, Böllern, Einsteckläufen oder Austauschläufen, die nach § 16 Abs. 2 des Gesetzes erneut zu prüfen sind

Behalten auch ältere Beschußzeichen ihre Gültigkeit?

Ja, auch ältere Beschußzeichen haben uneingeschränkte Gültigkeit. Waffen, die ältere Beschußzeichen tragen, brauchen also nicht erneut beschossen zu werden, sondern können ohne weiteres benutzt werden. Nachstehend werden die älteren deutschen Beschußzeichen wiedergegeben.

Beschußzeichen bis 1939

Vorbeschuß (1. Probe)

Endbeschuß (2. Probe)

Schrot-Lauf (normal)

Schrot-Lauf
mit Würgebohrung

Kugel-Lauf
(Büchsenlauf für Einzelgeschoß)

Reparaturbeschuß

Beschußzeichen
für ausländische Waffen

Zeichen für den Nitrobeschuß
mit rauchlosem Pulver

für Büchsen

Nitro

für Flinten

Beschußzeichen von 1939 – 1945

M

Vorbeschuß

FB

Freiwilliger Beschuß

SP

Endbeschuß mit Schwarzpulver

J

Instandsetzungsbeschuß

N

Endbeschuß mit rauchlosem Pulver

Beschußzeichen für Sonderwaffen

Zeichen für die Beschußämter:

Oberndorf a. Neckar
Hirschhorn

Suhl
Sohle mit Hacke

Zella-Mehlis
Herz mit Tanne

Beschußzeichen von 1945 – 1968

M

Vorbeschuß

SP

Endbeschuß mit Schwarzpulver

N

Endbeschuß mit rauchlosem Pulver (Nitropulver)

S

Zeichen für den Beschuß von Handfeuerwaffen für besondere Zwecke und Schußapparate

FB

Freiwilliger Beschuß

J

Instandsetzungsbeschuß

Zeichen für die Beschußstellen

Ulm

Berlin

Kiel

Hannover

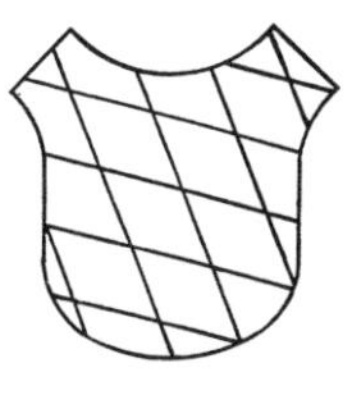

München

Köln

Gelten auch die Beschußzeichen der ehemaligen DDR?

Ja, auch die Beschußzeichen der ehemaligen DDR haben nach wie vor volle Gültigkeit und werden nachstehend in ihrer seit 1975 geltenden Form wiedergegeben. Das Beschußamt der DDR befand sich in Suhl. Dieses Beschußamt besteht weiterhin und verwendet jetzt die bisher schon für die Altbundesrepublik gültigen Beschußzeichen. Als Ortszeichen des Beschußamtes Suhl dient die »Suhler Hacke« – also wie bisher in den DDR-Beschußzeichen, nur ohne den jeweiligen großen Buchstaben (s. S. 191).

Normaler Beschuß
Bei Schußwaffen und Schußgeräten, die zum Verschießen von patronierter Munition mit normalem Gebrauchsgasdruck bestimmt sind

Normaler Beschuß
bei Schußwaffen und Schußgeräten, bei denen zum Antrieb ein flüssiges oder gasförmiges Gemisch oder eine Treibladung oder Kartusche verwendet wird

Verstärkter Beschuß
bei Schußwaffen, die zum Verschießen von Munition mit überhöhtem Gasdruck bestimmt sind

Reparaturbeschuß
nach Instandsetzung wesentlicher Teile

474

Datum des Beschusses
(Monat und Jahr, hier April 1974)

Gelten bei uns auch ausländische Beschußzeichen?

Ja – auch die Beschußzeichen derjenigen Länder, mit denen entsprechende Verträge bestehen, haben bei uns volle Gültigkeit. Sind derartige ausländische Beschußzeichen auf einer Waffe vorhanden, braucht diese Waffe in Deutschland nicht noch einmal beschossen zu werden. Anerkannt sind in der Bundesrepublik Deutschland die Beschußzeichen folgender Länder: Belgien, Chile, Frankreich, Großbritannien, Italien, Jugoslawien, Österreich, Spanien, Tschechoslowakei, Ungarn.

Was hat mit Waffen zu geschehen, die kein gültiges Beschußzeichen tragen?

Bevor diese Waffen zum Schießen benutzt werden, sind sie direkt oder über einen Büchsenmacher oder Waffenhändler einem Beschußamt zur Durchführung der vorgeschriebenen Beschußprüfung einzusenden.

Wann müssen Waffen erneut beschossen werden?

Wenn ein wesentliches Teil im Sinne des Waffengesetzes ausgetauscht, verändert oder instand gesetzt ist, muß die Waffe erneut zum Beschuß vorgelegt werden (§ 16 Abs. 2). Dies gilt nicht, wenn ein Lauf ohne Anwendung von Hilfsmitteln ausgetauscht werden kann, vorausgesetzt, daß der Austauschlauf ebenfalls ein gültiges Beschußzeichen trägt.

Kann man Schußwaffen auch auf andere Kriterien prüfen lassen?

Von den staatlichen Beschußämtern werden Schußwaffen auch bei einem freiwilligen Beschuß nur auf die genannten Kriterien hin geprüft (s. S. 189). Darüberhinausgehende Prüfungen, etwa der Treffpunktlage, der Streuung, der Treffpunktabweichungen mit unterschiedlichen Munitionsfabrikaten, Geschoßtypen usw., der Feststellung von Liefermängeln oder späteren Beschädigungen, der Wertschätzung in Nachlaßangelegenheiten oder zivilrechtlichen Streitigkeiten usw. usw. können von privaten Sachverständigen oder Institutionen vorgenommen werden. In der Bundesrepublik Deutschland ist diesbezüglich vor allem zu nennen die »Deutsche Versuchs- und Prüfanstalt für Jagd- und Sportwaffen e.V.« (DEVA) auf dem Schießstand Buke in 4791 Altenbeken. Diese Anstalt ist mit hochqualifiziertem Fachpersonal und modernsten technischen Meßgeräten bestens ausgestattet und genießt national wie international einen vorzüglichen Ruf.

Welche Angaben müssen auf jeder Schußwaffe stehen?

1. Der Name, die Firma oder ein eingetragenes Warenzeichen eines Waffenherstellers oder Waffenhändlers, der im Geltungsbereich des Waffengesetzes eine gewerbliche Niederlassung hat,
2. die Bezeichnung der Munition oder, wenn keine Munition verwendet wird, die Bezeichnung der Geschosse,
3. eine fortlaufende Nummer,
4. die vorgeschriebenen Beschuß- oder Prüfzeichen.

Dürfen auch noch andere Angaben auf einer Schußwaffe stehen?

Ja – auf manchen Schußwaffen sind auch noch eine genaue Modellbezeichnung, Markenzeichen, Patentnummern usw. angegeben, was durchaus zulässig ist.

Muß auch Munition gekennzeichnet sein?

Ja – sowohl auf jeder Patronenhülse als auch auf der Verpackung muß die Munition so gekennzeichnet sein, daß Hersteller und Bezeichnung der Munition daraus hervorgehen.

8. Sonstige waffenrechtliche Bestimmungen

Gilt das Waffengesetz auch für staatliche Stellen?

Nach seinem § 6 Abs. 1 ist das Waffengesetz auf die obersten Bundes- und Landesbehörden sowie deren Bedienstete (einschließlich der Bundeswehr und ihrer Soldaten), wenn sie dienstlich tätig werden, nicht anzuwenden, soweit das Gesetz nicht ausdrücklich anderes bestimmt. Für die Geschäftsbereiche der Bundesregierung (5. WaffV) bzw. der Landesregierungen werden die diesbezüglichen Fragen auf dem Verordnungswege geregelt. Außerhalb ihrer dienstlichen Tätigkeit unterliegen auch die Bediensteten des Bundes und der Länder voll den Bestimmungen des Waffengesetzes.

Wieweit gilt das Waffengesetz auch für Kriegswaffen?

Für Kriegswaffen im Sinne des Gesetzes über die Kontrolle von Kriegswaffen gelten nur Teile des Waffengesetzes (s. § 6 Abs. 3), ansonsten das Kriegswaffenkontrollgesetz. Besitzer von Kriegswaffen sollten sich deshalb mit beiden Gesetzen eingehend befassen.

Sind Waffenbesitzer zur Auskunft verpflichtet?

Ja. – Wer eine waffenrechtliche Genehmigung erhalten hat oder sonst die tatsächliche Gewalt über Schußwaffen ausübt, hat der zuständigen Behörde die für die Durchführung des Waffengesetzes erforderlichen Auskünfte zu erteilen (§ 46 Abs. 1).

Müssen Waffen vorgezeigt werden?

Aus begründetem Anlaß kann die zuständige Behörde nach § 46 Abs. 3 anordnen, daß der Inhaber der tatsächlichen Gewalt über Schußwaffen oder Munition, zu deren Erwerb oder Besitz es der Erlaubnis bedarf, oder über waffenrechtliche Genehmigungen, ihr diese vorzeigt.

Können waffenrechtliche Genehmigungen zurückgenommen werden?

Erlaubnisse oder Zulassungen nach dem Waffengesetz müssen zurückgenommen bzw. widerrufen werden, wenn nachträglich bekannt wird, daß sie hätten versagt werden müssen; sie können zurückgenommen bzw. widerrufen werden, wenn nachträglich bekannt wird, daß sie hätten versagt werden können (§ 47).

Sind waffenrechtliche Genehmigungen usw. gebührenpflichtig?

Ja. – Für Amtshandlungen, Prüfungen und Untersuchungen nach dem Waffengesetz werden Kosten nach einer besonderen Gebührenordnung erhoben, die in der 4. WaffV und der dazugehörigen Anlage niedergelegt ist.

Enthält auch das Jagdgesetz Bestimmungen bezüglich Waffen und Munition?

Ja, das Bundesjagdgesetz (BJG) enthält in § 19 Abs. 1 Nr. 1 und 2 eine Reihe einschränkender Bestimmungen bezüglich der auf Wild zu verwendenden Waffen und Patronen. Diese Bestimmungen dienen in erster Linie dem Zweck, unnötige Qualen für das Wild zu verhindern. Naturgemäß sind diese Vorschriften vor allem für Jäger von Bedeutung, einige jedoch auch für die Inhaber einer Schießerlaubnis zur sogenannten Schädlingsbekämpfung in Gärten, Parks usw. Diesbezüglich sind zu nennen die Verbote, auf Wild mit halbautomatischen oder automatischen Waffen, die mehr als zwei Patronen in das Magazin aufnehmen können, zu schießen, sowie auf Wild mit Pistolen und Revolvern zu schießen, ausgenommen im Falle der Bau- und Fallenjagd sowie zur Abgabe von Fangschüssen, wenn die Mündungsenergie der Geschosse mindestens 200 J beträgt.

Wie ist das Waffenrecht für die Gebiete und Bürger der ehemaligen DDR geregelt?

Für das Gebiet der ehemaligen DDR gilt heute das Waffenrecht der Altbundesrepublik, das allerdings mit dem Einigungsvertragsgesetz geringfügig geändert worden ist. Überleitungsbestimmungen von dem dortigen früheren zum jetzigen Waffenrecht sind im Einigungsvertragsgesetz (BGBl. II Nr. 35 vom 28. September 1990, S. 916 – 917) enthalten. Besonders zu beachten ist der mit diesem Gesetz neu in das bundesdeutsche Waffengesetz eingefügte § 59 b, der die Behandlung von Altbesitz an Waffen und Munition in Händen von ehemaligen Bürgern der DDR regelt. Da die dort vorgesehenen Fristen inzwischen abgelaufen sind, werden diese Bestimmungen hier nicht im einzelnen wiedergegeben.

Notwehr und Notstand

1. Notwehr

Was ist Notwehr?

Notwehr ist die Verteidigung, die erforderlich ist, um einen gegenwärtigen, rechtswidrigen Angriff von sich oder einem anderen abzuwenden (§ 32 Abs. 2 StGB). Voraussetzungen der Notwehr sind also:

1. Ein Angriff (auf Leben, Gesundheit, Freiheit oder Besitz).
2. Der Angriff muß gegenwärtig sein, d.h. er muß in diesem Augenblick stattfinden oder unmittelbar bevorstehen, nicht aber in einer unbestimmten Zukunft bevorstehen oder bereits abgebrochen sein.
3. Der Angriff muß rechtswidrig sein. Wer einen mit Beute flüchtenden Dieb festhält, begeht zwar auch einen Angriff, nicht aber einen rechtswidrigen Angriff. Der festgehaltene Dieb kann also keine Notwehr üben.

Die Notwehrhandlung, also die zur Abwendung eines gegenwärtigen rechtswidrigen Angriffs durchgeführte Verteidigungshandlung, muß erforderlich sein. Das bedeutet, daß das mildeste, in der jeweiligen Situation zum Ziele führende Mittel anzuwenden ist. Auch darf der durch die Notwehrhandlung angerichtete Schaden nicht außer Verhältnis zu der drohenden Gefahr stehen. Grundsätzlich sind dabei Menschenleben höher zu bewerten als Sachwerte.

Ist Notwehr strafbar?

Nein! – Nach § 32 Abs. 1 StGB handelt nicht rechtswidrig, wer eine Tat begeht, die durch Notwehr geboten ist.

Was ist Notwehrüberschreitung?

Notwehrüberschreitung oder Notwehrexzess liegt vor, wenn der Verteidiger bei der Verteidigung das erforderliche Maß überschreitet.

Ist Notwehrüberschreitung strafbar?

Die Überschreitung der Notwehr ist nach § 33 StGB nicht strafbar, wenn der Täter aus Verwirrung, Furcht oder Schrecken über die Grenzen der Notwehr hinausgegangen ist. Andernfalls ist die Notwehrüberschreitung strafbar.

Was ist Nothilfe?

Als Nothilfe bezeichnet man die Abwehr eines gegen einen Dritten gerichteten Angriffs. Rechtlich gehört sie zur Notwehr. Die Voraussetzungen und Bedingungen sind deshalb dieselben wie bei der Notwehr.

Darf in Notwehr stets von der Schußwaffe Gebrauch gemacht wrden?

Nein! – Auch in einwandfreien Notwehrsituationen ist der Schußwaffengebrauch nur dann gerechtfertigt, wenn einerseits mildere Mittel (Abwehr mit Körperkräften, Spazierstock o.ä.) nicht zum Ziele führen würden und andererseits die eventuellen Folgen der Notwehrhandlung in einem angemessenen Verhältnis zu ihrem Erfolg stehen. Bei einem ernsthaften rechtswidrigen Angriff auf Leben oder Gesundheit eines Menschen dürfte der Schußwaffengebrauch stets gerechtfertigt sein, bei einem rechtswidrigen Angriff auf die Freiheit oftmals ebenfalls, sofern der Einsatz geringerer Mittel nicht zum Ziele führen würde. Dagegen dürfte der Schußwaffengebrauch bei einem Angriff auf die Ehre (z.B. Beleidigung) nie, bei einem Angriff auf den Besitz nur in besoderen Fällen gerechtfertigt sein (abgesehen von auch hier zulässigen Warnschüssen, wenn durch sie Menschen nicht gefährdet werden können). Der Schußwaffengebrauch als härteste und in der Wirkung schwerwiegendste Abwehrmaßnahme mit oftmals nicht wieder rückgängig zu machenden Folgen sollte stets als allerletzter Ausweg aus einer ernsthaft bedrohlichen Situation betrachtet werden!

Darf man im Rahmen der Notwehr auf einen mit der Waffe flüchtenden Menschen schießen?

Das hängt von den näheren Umständen ab. Zwei Beispiele mögen das erläutern:

1. Ein Angreifer ist mit einer Doppelflinte (also Schrotgewehr) bewaffnet, deren menschengefährdende Reichweite durchaus begrenzt ist. Nachdem er zwei fehlgegangene Schüsse auf den Angegriffenen abgegeben hat, läuft er – ohne nachzuladen – mit dem Gewehr in der Hand über ein völlig freies Feld ohne jede Deckung davon. Der zuvor Angegriffene ist mit einer Hochleistungsbüchse mit Zielfernrohr ausgerüstet. Er könnte den Flüchtenden also auch noch auf eine Entfernung erreichen, auf die dieser keinen wirkungsvollen Schuß mehr abgeben kann. Hier würde keine Notwehr vorliegen, da der Angriff nicht mehr gegenwärtig, sondern als abgebrochen anzusehen ist.
2. Nach gleicher Vorgeschichte läuft der Angreifer zwar auch von dem Angegriffenen fort, jedoch auf einen nur etwa 50 m entfernten Steinhaufen zu, hinter dem hervor er – selber gegen Schüsse des Angegriffenen weitgehend geschützt – aus einer verbesserten Position erneut schießen kann. In diesem Fall wäre auch ein Schuß auf den vom Angegriffenen Fortlaufenden eine Notwehrhandlung, da das Fortlaufen hier ja keinen Abbruch des Angriffs bedeutet, sondern lediglich eine Verbesserung der Angriffsposition zum Ziel hat. Der Angegriffene braucht in dieser Situation nicht zu warten, bis der Angreifer die neue, verbesserte Schußposition eingenommen hat.

Welche Geschosse dürfen für Notwehrzwecke benutzt werden?

Hierüber gibt es keine speziellen gesetzlichen Vorschriften. Aus naheliegenden Gründen kann es solche auch nicht geben. Der Notwehr-Paragraph (§ 32 Abs. 2 StGB) stellt jedoch durch den Begriff »erforderlich« auf die Verhältnismäßigkeit der Mittel ab. Wer beispielsweise als Geldtransporteur einen Waffenschein besitzt und daraufhin einen großkalibrigen Revolver führt, den er mangels Erlaubnis und Gelegenheit zu keinerlei anderem Zweck als dem einer etwaigen Notwehr einsetzen kann, sollte – um gegebenenfalls keinerlei diesbezüglichen Vorwürfen einen Angriffspunkt zu bieten – solche Geschosse verwenden, die bei möglichst großer Aufhaltekraft keine unnötig großen Verletzungen hervorrufen. Wenn andererseits beispielsweise bei einem bewaffneten Überfall auf ein Einzelhaus lediglich eine Jagdbüchse mit den dazugehörigen, bekanntlich starke Zerstörungen verursachenden Jagdbüchsenpatronen zur augenblicklichen Verteidigung zur Verfügung steht, so ist auch deren Gebrauch gerechtfertigt.

Muß in Notwehr vor einem Schußwaffengebrauch gewarnt werden?

Eine solche Warnung ist nicht bindend vorgeschrieben. Da nach dem Grundsatz der Verhältnismäßigkeit das jeweils mildeste zum Ziele führende Mittel anzuwenden ist, sollte man aber – falls der Situation nach gefahrlos möglich – den Angreifer vor Abgabe eines gezielten Schusses durch entsprechenden Zuruf und/oder durch einen Warnschuß warnen.

Was ist nach einem in Notwehr erfolgten Schußwaffengebrauch zu tun?

Ist bei dem Vorfall ein Mensch verletzt worden, so ist diesem so schnell und so weit wie möglich Hilfe zu leisten, sofern dies ohne erhebliche Gefährdung des Helfenden möglich ist. Weiter sollte so schnell wie möglich für ärztliche Hilfe gesorgt werden. In jedem Fall sollte so schnell wie möglich die Polizei alarmiert und eine durch sie vorzunehmende Tatbestandsaufnahme veranlaßt werden. Zum eigenen Nutzen sollte man sich möglichst umgehend nach dem Vorfall ausführliche eigene Aufzeichnungen machen. Darin müssen nicht zuletzt auch die Namen und Anschriften etwaiger Zeugen festgehalten werden.

Gibt es Notwehr gegen Notwehr?

Nein! – Da eine Notwehrhandlung nicht rechtswidrig ist, kann es gegen sie auch keine Notwehr geben. Wohl aber ist Notwehr gegenüber einer (rechtswidrigen) Notwehrüberschreitung möglich.

Was ist Putativnotwehr?

Putativnotwehr nennt man eine vermeintliche Notwehr, bei der die Abwehrhandlung in der irrigen Annahme durchgeführt wird, daß die Voraussetzungen der Notwehr vorlägen. Beispiel: Ein Wohnungshinhaber trifft in seiner eigenen Wohnung überraschend mit einem Einbrecher zusammen. Letzterer richtet sofort eine großkalibrige Pistole auf den etwa 5 m entfernt und völlig ungedeckt stehenden Wohnungsinhaber. Daraufhin schießt dieser den Einbrecher nieder. Nachträglich stellt sich heraus, daß die Pistole des Einbrechers zwar echt aber nicht geladen war. Der Wohnungsinhaber hat sich also tatsächlich nicht in Gefahr befunden. Aufgrund der Situation mußte er sich aber in Lebensgefahr wähnen und damit den Notwehrfall als gegeben erachten.

Ist ein Waffenträger zur Nothilfe verpflichtet?

Wer bei Unglücksfällen oder gemeiner Gefahr oder Not nicht Hilfe leistet, obwohl dies erforderlich und ihm den Umständen nach zuzumuten, insbesondere ohne erhebliche eigene Gefahr und ohne Verletzung anderer wichtiger Pflichten möglich ist, wird mit Freiheitsstrafe bis zu einem Jahr oder mit Geldstrafe bestraft (Unterlassene Hilfeleistung § 330c StGB). Ein Waffenträger, beispielsweise ein Waffenscheininhaber, kann durchaus in eine Situation kommen, in der er eine entsprechende Entscheidung fällen muß. Zwei Beispiele! Ein Waffenscheininhaber wird Augenzeuge, wie wenige Meter von ihm entfernt ein laut um Hilfe rufendes Mädchen von mehreren kräftigen, jedoch unbewaffneten Männern gewaltsam in ein Auto gezerrt wird. Durch Drohen mit seiner Faustfeuerwaffe, gegebenenfalls Abgabe eines Warnschusses, notfalls sogar Abgabe eines gezielten Schusses auf einen der Entführer hätte er die Möglichkeit, ohne größere eigene Gefährdung die Entführung zu verhindern. Tut er dies nicht, würde er sich dem Vorwurf der unterlassenen Hilfeleistung aussetzen. In einem anderen Fall wird ein Waffenscheininhaber Augenzeuge, wie mehrere mit Maschinenpistolen bewaffnete Täter eine Bank überfallen. Hier würde er sich einer erheblichen eigenen Gefahr aussetzen, wenn er seine Waffe ziehen und damit die Bankräuber bedrohen würde. Dazu ist er nicht verpflichtet.

Gibt es Notwehr gegenüber Tieren?

Notwehr im Sinne des Gesetzes gibt es nur gegenüber einem menschlichen Angriff. Eine entsprechende Verteidigungshandlung gegenüber einem angreifenden Tier fällt nicht unter Notwehr, sondern unter Notstand. In besonderen Fällen kann allerdings auch die Verteidigung gegen ein angreifendes Tier eine Notwehrhandlung sein, beispielsweise dann, wenn ein mannscharfer Hund von seinem Herrn rechtswidrig auf einen anderen Menschen gehetzt wird und somit lediglich ein Angriffsmittel seines Herrn darstellt.

Wer darf einen auf frischer Tat gestellten Straftäter festnehmen?

Wird jemand auf frischer Tat betroffen oder verfolgt, so ist, wenn er der Flucht verdächtig ist oder seine Persönlichkeit nicht sofort festgestellt werden kann, jedermann befugt, ihn auch ohne richterlichen Befehl vorläufig festzunehmen (§ 127 Abs. 1 StPO). In einem solchen Fall muß der Festgenommene jedoch so schnell wie möglich der Polizei übergeben werden.

2. Notstand

Was ist Notstand?

Ganz allgemein versteht man unter Notstand im Sinne des Straf- und Zivilrechts (nicht zu verwechseln mit dem Staatsnotstand) eine Situation der gegenwärtigen Gefahr für irgendein Rechtsgut, die sich nur durch die Verletzung eines anderen Rechtsgutes abwenden läßt. Das Strafgesetzbuch unterscheidet den rechtfertigenden Notstand (§ 34 StGB) und den entschuldigenden Notstand (§ 35 StGB). Der Vollständigkeit halber sowie auch wegen der unter Umständen sehr großen Bedeutung der diesbezüglichen zivilrechtlichen Bestimmungen für den Waffenbesitzer werden nachfolgend auch die Bestimmungen der beiden diesbezüglichen Paragraphen des Bürgerlichen Gesetzbuches (§§ 228 und 904 BGB) aufgeführt.

Was ist rechtfertigender Notstand?

Nach § 34 StGB handelt nicht rechtswidrig, wer in einer gegenwärtigen, nicht anders abwendbaren Gefahr für Leben, Leib, Freiheit, Ehre, Eigentum oder ein anderes Rechtsgut eine Tat begeht, um die Gefahr von sich oder einem anderen abzuwenden, wenn bei Abwägung der widerstreitenden Interessen, namentlich der betroffenen Rechtsgüter und des Grades der ihnen drohenden Gefahren, das geschützte Interesse das beeinträchtigte wesentlich überwiegt. Dies gilt jedoch nur, soweit die Tat ein angemessenes Mittel ist, die Gefahr abzuwenden.

Was ist entschuldigender Notstand?

Nach § 35 StGB handelt ohne Schuld, wer in einer gegenwärtigen, nicht anders abwendbaren Gefahr für Leben, Leib oder Freiheit eine rechtswidrige Tat begeht, um die Gefahr von sich, einem Angehörigen oder einer anderen ihm nahestehenden Person abzuwenden. Dies gilt nicht, soweit dem Täter nach den Umständen, namentlich weil er die Gefahr selbst verursacht hat oder weil er in einem besonderen Rechtsverhältnis stand, zugemutet werden konnte, die Gefahr hinzunehmen.

Was besagt das Zivilrecht über den Notstand?

Im Bürgerlichen Gesetzbuch beziehen sich zwei Paragraphen auf den Notstand.
Nach § 228 BGB handelt nicht widerrechtlich, wer eine fremde Sache (wozu im Sinne des Gesetzes auch Tiere gehören!) beschädigt oder zerstört, um eine durch sie drohende Gefahr von sich oder einem anderen (wobei der andere hier kein Angehöriger zu sein braucht!) abzuwenden, wenn die Beschädigung oder Zerstörung (bei Tieren auch Tötung) zur Abwendung der Gefahr erforderlich ist und der Schaden nicht außer Verhältnis zu der Gefahr steht. Hat der Handelnde die Gefahr verschuldet, so ist er zum Schadenersatz verpflichtet.
Nach § 904 BGB ist der Eigentümer einer Sache nicht berechtigt, die Einwirkung eines anderen auf die Sache zu verbieten, wenn die Einwirkung zur Abwendung einer gegenwärtigen Gefahr notwendig und der drohende Schaden gegenüber dem aus der Einwirkung dem Eigentümer entstehenden Schaden unverhältnismäßig groß ist. Der Eigentümer kann Ersatz des ihm entstehenden Schadens verlangen.

Gibt es auch Putativnotstand?

Ja – in Parallele zur Putativnotwehr spricht man auch von Putativnotstand wenn eine Abwehrhandlung in der irrtümlichen Annahme erfolgt, daß eine Notstandslage besteht. Gegebenenfalls muß darüber befunden werden, ob der in vermeintlichem Notstand Handelnde leichtfertig gewesen oder einem entschuldbaren Irrtum erlegen ist.

Kommt auch im Falle des Notstandes ein Schußwaffengebrauch in Frage?

Nicht nur im Falle der Notwehr sondern auch im Falle des Notstandes kann ein Schußwaffengebrauch durchaus infrage kommen. Dazu vier Beispiele:

1. Ein Waffenscheininhaber wird von einer offensichtlich tollwütigen Katze angefallen. Da er sich des Tieres anders nicht erwehren kann, ohne sich der Gefahr der Verletzung und damit einer lebensgefährlichen Tollwutinfektion auszusetzen, erschießt er die Katze mit seinem Revolver.
2. Ein Waffenscheininhaber wird Augenzeuge, wie ein großer Hund ein kleines Kind anfällt. Da es ihm anders nicht gelingt, das Kind zu schützen, erschießt er den Hund.
3. Ein Waffenscheininhaber sieht, daß es in einem Einfamilienhaus brennt und darin befindliche kleine Kinder in Lebensgefahr schweben. Da Feuerwehr und Polizei noch nicht anwesend sind, will er in das Haus eindringen, um die Kinder zu retten. Da er kein anderes Werkzeug zur Hand hat, zerschießt er eine dicke Fensterscheibe, um sich Einlaß zu verschaffen.
4. Ein Waffenscheininhaber stürzt bei einem Spaziergang und verletzt sich dabei so, daß er sich nicht mehr fortbewegen kann. Weit und breit sind keine Menschen zu sehen; seine Hilferufe werden nicht gehört. Daraufhin gibt er Signalschüsse ab, um auf sich aufmerksam zu machen und Hilfe herbeizurufen.

In allen vier Fällen wird ein Rechtsgut verletzt (in drei Fällen fremdes Eigentum, in einem Fall eine Rechtsvorschrift), um ein höherwertiges Rechtsgut (Leben oder Gesundheit von Menschen) zu schützen.

Muß auch im Notstandsfall die Verhältnismäßigkeit gewahrt werden?

Selbstverständlich muß auch bei allen Notstandshandlungen der Grundsatz der Verhältnismäßigkeit gewahrt werden, und zwar in zweierlei Hinsicht:

1. Vor einer Notstandshandlung muß eine Güterabwägung erfolgen, ob das durch die Handlung beeinträchtigte Rechtsgut deutlich geringer einzustufen ist als das dadurch geschützte Rechtsgut, da nur dann die Notstandshandlung gerechtfertigt ist. Dabei sind Menschenleben grundsätzlich höher einzustufen als Sachwerte. Man darf also beispielsweise einen fremden Hund erschießen, um dadurch Leben oder Gesundheit eines Kindes zu schützen; man dürfte den Hund aber nicht erschießen, weil man sich über sein Bellen ärgert. Im letzten Fall wäre eine Beschwerde bei dem Hundebesitzer verhältnismäßig, nicht aber ein Erschießen des Hundes.
2. Bei Notstandshandlungen muß das mildeste zur Verfügung stehende und zum Erfolg führende Mittel eingesetzt werden. Wenn man beispielsweise den das Kind beißenden Hund durch lautes Anschreien vertreiben kann, darf man ihn nicht erschießen. Läßt er sich durch Schreien nicht sogleich von dem Kind abbringen, darf man schießen, auch wenn man ihn vielleicht mit einem – im Augenblick aber nicht zur Verfügung stehenden – Knüppel abwehren könnte.

Worauf ist bei einem Schußwaffengebrauch in Notwehr und Notstand besonders zu achten?

Auch bei berechtigtem Schußwaffengebrauch in Notwehr und Notstand ist stets darauf zu achten, daß unbeteiligte Personen nicht gefährdet werden! Dabei ist sowohl auf die Umgebung und das Hintergelände zu achten als auch die Durchschlagskraft der Geschosse gegenüber Autokarosserien, Fensterläden, Haustüren usw. zu bedenken. Eine gewisse diesbezügliche Vorsorge von Waffenscheininhabern, die zu ihrem eigenen Schutz oder zum Schutz anderer Personen oder wertvoller Güter Verteidigungswaffen führen dürfen, beginnt demzufolge schon mit der Auswahl zweckmäßiger Waffen und Patronen, die wohl eine genügende Aufhaltekraft, dabei jedoch einen möglichst geringen Durchschlag aufweisen.

Literaturverzeichnis

Aus der umfangreichen deutschsprachigen Fachliteratur sind nachstehend nur die wichtigsten Werke ausgewählt worden, die dem Interessenten über die Waffen-Sachkundeprüfung hinaus ein tieferes Eindringen in die Materie ermöglichen.

1. Apel, E.: Waffenrecht. 2. Aufl.
   Deutscher Gemeindeverlag W. Kohlhammer, Köln 1977.
2. Arnold, S.: Das Training des Sportschützen.
   Selbstverlag, Wiesbaden o. J.
3. Bock, G., W. Weigel und G. Seitz: Handbuch der Faustfeuerwaffen.
   7. Aufl., Verlag J. Neumann-Neudamm, Melsungen 1978
4. Brukner, B.: Faustfeuerwaffen. Verlag J. Neumann-Neudamm, Melsungen 1983.
5. Götz, H.-D.: Waffenkunde für Sammler.
   Motorbuch Verlag, Stuttgart 1975.
6. Glock, E. und H. Mertel: Pistolenschießen 1.
   BLV Verlagsgesellschaft, München 1982.
7. Glock, E. und H. Mertel: Pistolenschießen 2.
   BLV Verlagsgesellschaft, München 1984.
8. Hastings, M.: Flintenschießen für Sportschützen und Jäger.
   BLV Verlagsgesellschaft, München 1978.
9. Hennig, R.: Pistole und Revolver, 6. Aufl.
   BLV Verlagsgesellschaft, München 1982.
10. Hessler, W.: Wörterbuch der Ballistik und Schießlehre.
    Verlag J. Neumann-Neudamm, Melsungen 1973.
11. Hinze, R.: Waffenrecht. Loseblattsammlung.
    Deutscher Fachschriften-Verlag, Mainz und Wiesbaden, ab 1971.
12. Klingner, B.: Gewehrschießen 1. 3. Aufl.
    BLV Verlagsgesellschaft München 1982.
13. Klingner, B.: Gewehrschießen 2.
    BLV Verlagsgesellschaft München 1979.
14. Lampel, W.: Jagdballistik. 2. Aufl.
    Verlag J. Neumann-Neudamm, Melsungen 1971.
15. Lampel. W. und R. Mahrholdt: Waffen-Lexikon. 9. Aufl.
    BLV Verlagsgesellschaft, München 1981.

16. Lanz, K. H.: Die besten Tips der besten Schützen.
Selbstverlag, Wiesbaden 1969.
17. Lanz, K. H.: Sportschießen.
Selbstverlag Deutscher Schützenbund, Wiesbaden 1970.
18. Münstedt, H.: Das neue Waffenrecht. 3. Aufl.
Verlag Wittfoth-Werbung, Lübeck 1976.
19. Münstedt, H.: Bestimmung unbekannter Patronen. Verlagsgesellschaft für Polizeipublikationen. Hamburg 1984.
20. Nüsslein, F.: Jagdkunde. 11. Aufl.
BLV Verlagsgesellschaft, München 1983.
21. Potrykus, G.: Waffenrecht. 3. Aufl.
C. H. Beck'sche Verlagsbuchhandlung, München 1977.
22. Reb, W.: Jagdwaffen praktisch.
BLV Verlagsgesellschaft, München 1988.
23. Richter, R.: Das Jagdwaffenbuch.
BLV Verlagsgesellschaft, München 1979.
24. Sasia, R.: Der schnelle Schuß.
BLV Verlagsgesellschaft, München 1982.
25. Sellier, K.: Schußwaffen und Schußwirkungen.
Verlag Max Schmidt-Römhild, Lübeck 1969.
26. Siedel, F.: Das Patronenbuch.
BLV Verlagsgesellschaft, München 1977.
27. Wirnsberger, G.: Beschußzeichen.
Journal-Verlag Schwend GmbH, Schwäbisch Hall 1975.
28. Wissmann, H. v.: Der Schrotschuß. 2. Aufl.
Verlag Paul Parey, Hamburg und Berlin 1967.

Notizen: